틱톡 마케팅

틱톡 마케팅

초판 1쇄 인쇄 ｜ 2021년 03월 10일
초판 5쇄 발행 ｜ 2021년 03월 24일

지은이 ｜ 박준서 노고은 임헌수
감 수 ｜ 이인이
펴낸이 ｜ 최화숙
편집인 ｜ 유창언
펴낸곳 ｜ 이코노믹북스

등록번호 ｜ 제1994-000059호
출판등록 ｜ 1994. 06. 09

주소 ｜ 서울시 마포구 성미산로2길 33(서교동) 202호
전화 ｜ 02)335-7353~4
팩스 ｜ 02)325-4305
이메일 ｜ pub95@hanmail.net ｜ pub95@naver.com

ⓒ 박준서 노고은 임헌수 2021
ISBN 978-89-5775-266-1 03320
값 18,000원

매일 15초로 나의 브랜드를 광고하라!

틱톡 마케팅

박준서 노고은 임헌수 공저

이코노믹북스

모바일 스마트폰 혁명의 최종 SNS 틱톡!
세로 스크린을 장악하다!

지난 2010년부터 2020년까지 10년의 기간은 정말로 변화의 소용돌이였다! 성균관대의 최재붕 교수는 이를 집약하는 것으로 '포노사피엔스'라는 책에서 신인류가 탄생했다고 정리하였다. 지금껏 인간이 살아온 삶의 방식은 비슷할 텐데, 어째서 신인류라는 용어까지 쓰게 되었는가? 당연하겠지만 스티브 잡스의 '아이폰' 출시 이후로 인류의 삶은 완전히 뒤바뀌었기 때문이다.

일찌감치 초고속 인터넷이 발달한 대한민국에서는 굳이 구분을 짓지 않는 개념이지만 필자는 지난 10년을 정의하는 말로써 '모바일 인터넷 시대'라는 표현을 참 좋아한다. 언제 어디서나 인터넷에 접속할 수 있지만 그게 mobile(형용사, 이동하는, 이동식의)하다는 것! 김대중 정부의 초고속 인터넷망 작업으로 전 세계에서 제일 빠른 인터넷 고속도로를 만들어 IT 강국으로 발돋움했다는 것은 누구나 아는 사실이다. 우리는

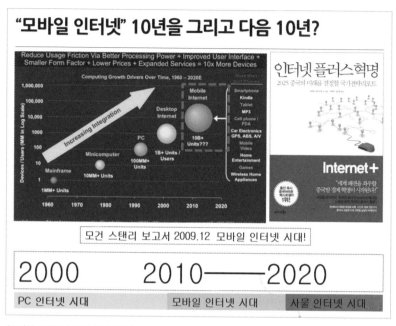

〈그림1〉 모바일 인터넷 시대 10년!

2000년대 초반 전국의 PC방을 통해서 쉽게 인터넷에 접속했다! 그 10년이 지나고 또 한 번 강산이 변한다는 10년이 지난 것인데, 이제는 무료 wifi망을 이용해서 전국 어디에서나 내 스마트폰으로 인터넷에 접속할 수 있게 되었다. 인터넷에 접속할 수 있는 것뿐만 아니라 이 10년 기간에 수없이 많은 소셜미디어가 나오게 되었는데, 초창기 트위터부터 시작해서 사진 공유 기반의 인스타그램, 영상 기반의 유튜브까지 진화를 거듭하고 있다.

년도	삼성갤럭시	SNS	스마트스토어	톡스토어
2010	갤럭시 S1	블로그, 페북, 트위터	지식쇼핑	카타오톡 출시
2011	갤럭시 S2 (4월)	블로그, 페북, 트위터	지식쇼핑	카카오 선물하기
2012	갤럭시 S3 (5월)	블로그, 페북, 트위터	지식쇼핑, 샵N	카카오 스토리 오픈
2013	갤럭시 S4 (4월)	페이스북	지식쇼핑, 샵N	카카오 스토리 플러스
2014	갤럭시 S5 (3월)	카카오 스토리 (채널)	지식쇼핑, 스토어팜 샵윈도	다음카카오 합병
2015	갤럭시 S6 (4월)	밴드	네이버쇼핑, 스토어팜 샵윈도, 네이버페이 네이버톡톡	카카오페이
2016	갤럭시 S7 (3월)	인스타그램	네이버쇼핑, 스토어팜 쇼핑윈도, 네이버페이 네이버톡톡 쇼핑검색광고	카카오 채널 정지사태
2017	갤럭시 S8 (3월)	유튜브	쇼핑플랫폼으로 대변신! (1년간 테스트?)	톡스토어 베타테스트 플러스친구 통합(05.24) 카카오 모먼트 베타
2018	갤럭시 S9 (2월)	틱톡	네이버커넥트2018 스마트스토어(02.01)	카카오 커머스 톡스토어 (10.24)
2019	갤럭시 S10(2월)	유튜브, 인스타, 틱톡	네이버쇼핑	톡딜
2020	갤럭시 S20(2월)	틱톡, 유튜브, 인스타	쇼핑라이브	카카오쇼핑

〈그림2〉 모바일 인터넷 10년과 기술, SNS, 포털 사이트의 e커머스 사업 강화

이 모바일 인터넷 시대의 초기에는 모두들 스마트폰이라는 기계에 적응하기에도 힘들었는데, 이제는 50, 60대를 넘어서 70, 80대까지 스마트폰을 활용할 수 있게 되었다. 인간은 참 환경에 적응을 잘한다는 것을 지난 10년을 통해서 몸소 겪게 되었다. 그림2의 표는 필자가 교육할 때 항상 사용하는 표인데, 갤럭시라는 스마트폰을 통해서 보여주는 기술 발달의 흐름을 볼 수 있고, 그 옆은 SNS가 흥행한 시기를 알 수 있다. 스마트스토어와 톡스토어 칸은 국내 굴지의 플랫폼 기업 2곳의 e커머스 사업 서비스를 늘려 나가는 모양새를 볼 수 있다. 여기서 SNS의 흐름이 중요한데, 지금은 누구나 다 알지만 초창기 글로 소통하던 SNS들에서(블로그, 트위터, 페이스북) 사진 공유 기반의 SNS로 진화했다가(카카오 스토리, 인스타그램) 나중에는 동영상 기반의 SNS로(유튜브, 틱톡) 변함

을 알 수 있다. 해당 연도의 SNS는 그 해당 연도에 폭발적 성장 및 가능성이 폭증하던 시기를 의미한다. 그런 면에서 틱톡은 국내에 2017년도에 첫선을 보였지만 2018년경에 유저수가 늘어나면서 초기의 틀을 잡았다고 보면 된다. 이제는 모두들 아는 사실이지만 항상 새로운 플랫폼이 나오면 빨리 진입해서 자리를 잡은 초기 사용자들이 인플루언서가 되어서 트렌드를 이끌어 가는 것이 아니겠는가? 물론 지금 당장 시작해서 단숨에 수백만 명의 팔로워를 보유한 인플루언서가 탄생하는 경우도 종종 있지만, 보통의 경우는 어느 정도 시간이 흐른 뒤에야 100만 명 이상의 팔로워를 가진 사람이 된다. (유튜브나 틱톡의 경우!) 그 이후로는 글로벌 SNS 3社가 전 세계는 물론 국내의 흐름도 이끌어가고 있다고 보면된다. 재미있는 것은 2020년 전 세계적인 코로나19 팬데믹으로 가장 성장한 앱이 있으니 그게 바로 '틱톡'이다. 왜 그랬을까를 생각해 보면 밖에

〈그림3〉 MZ세대와 틱톡(나는 어느 세대에 해당되는가? 출처 : 인스타그램 @_no_out)

나가지를 못하기 때문에 사람들은 집에서 재미있는 것을 찾게 되었는데, '재미'라는 요소를 완벽하게 잡은 SNS는 틱톡이기 때문에 그렇다고 추정해 볼 수 있다. 상식적으로 생각해 봐도 유튜브는 찍기가 부담스럽고, 인스타그램은 밖에 나가질 못하니 뭔가 찍어서 올릴 만한 게 없다. 하지만 틱톡은 집안에서도 춤을 추고, 지식을 전달하고, 소통하는 데는 큰 문제점이 없다!

소셜미디어 업계에 있으면 공통적으로 나타나는 트렌드가 있는데, 먼저 10대들이 새로운 SNS를 개척해 놓으면 그 다음 세대들이 뒤따라가서 같이 어울려 놀게 된다. 10년 전 페이스북에서 둥지를 틀었던 세대들은 인스타그램으로 이주를 했다가 이제는 '틱톡'이라는 동네에서 놀기 시작했다. 현재 마케팅적으로 가장 언급이 많이 되는 MZ세대(밀레니얼세대+Z세대)인데, 이들의 놀이터가 틱톡!

2004년에 나온 페이스북이나 2010년에 시작한 인스타그램이 올드해지는 것을 보면 틱톡이 얼마나 젊은 감수성을 가지고 있는지 이해가 될지도 모른다. 그래서 이 책을 읽으시게 될 사업자나 마케터들은 현재 트렌드를 만들어나가는 MZ세대, 특히 Z세대를 이해하는데 필수적인 요소가 된 점을 명확히 알아야 할 필요가 있다. 덧붙여 필자는 그동안의 SNS 발달을 추적해 온 결과 나중에는 모든 세대들이 사용하는 것을 봐 왔기 때문에, 틱톡을 사용하게 될 다양한 연령대도 고려해야 한다고 보는 입장이다. 그리고 틱톡의 정보보안 논란에도 불구하고 그 가능성을 발견한 연예인이나 인플루언서, 국내외의 글로벌 기업들이 모두 틱톡을 시작하고 있기 때문에(심지어 청와대도 2020년 틱톡 계정을 개설하였다.) 더욱 주목해서 보아야 할 필요가 있다.

예전의 X세대들이 TV 스크린에서 정보와 오락을 얻었다면, 그다음

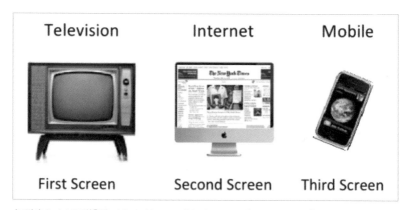

〈그림4〉 3rd 스크린(출처 : https://www.slideshare.net/augustinefou/three-screens-
the-third-screen-in-marketing)

Y세대는 그 매체가 PC였다. 그 이후의 Z세대는 3번째 스크린이라 불리
우는 스마트폰이 그 역할을 대신하므로 3rd 스크린을 장악한 틱톡의 특
징을 제대로 파악하여 고객을 늘리고, 또 마케팅적으로 활용해 보았으면
한다. 동영상 플랫폼으로서 유튜브의 파급력은 틱톡을 능가하지만 소통
기능(메시지 보내기)이 있는 SNS 관점에서, 스마트폰의 세로 동영상을
장악한 것은 틱톡이므로 3rd 스크린의 왕좌는 틱톡에게 주어도 무방하
지 않을까 한다.

　이 책을 함께 쓴 띠동갑형은 150만의 팔로워를 보유한 전형적인 Z세
대이다. 그리고 노장금은 15초 영상으로는 다루기 어렵다는 요리 주제로
착실하게 퍼스널 브랜딩을 강화하고 있는 Y세대라고 볼 수 있다. 그리고
프롤로그를 쓰고 있는 필자(임헌수)는 79년생으로 X세대 감수성을 기억
하고 있으면서 PC인터넷 시대와 모바일 인터넷 시대 20년을 온몸으로
겪고 있는 세대이다.

　이 셋이 의기투합하여 쓰게 된 이 책은 틱톡에 대한 거의 모든 것을

다루려고 노력하였다. 각자의 경험을 바탕으로 파트별로 집필하였고, 또 책을 보는 다양한 독자들의 수요를 감안하여 크게 크리에이터나 인플루언서가 되고자 하는 분, 퍼스널 브랜딩을 하시려는 분, 기업의 관점에서 마케팅적으로 활용하고자 하는 분을 대상으로 썼음을 알려드린다. 책을 집필하는 과정에서 2020년 12월 10일에 있었던 첫 번째 공식 마케

〈그림5〉 틱톡 마케팅 컨퍼런스 2020 안내장

Time	Program	Speaker
14:00~14:10	IT STARTS WITH TikTok	김승연 General Manager / Global Business Solutions
14:10~14:25	GLOBAL STARTS WITH TikTok	장은희 Head of Global Business Solutions / Key Accounts
14:25~14:45	BRANDING STARTS WITH TikTok	이경민 Partnership Manager / Global Business Solutions
14:45~15:05	INNOVATION STARTS WITH TikTok	배유림 Product Marketing Manager / Monetization Product-Product Strategy and Operation
15:05~15:25	CREATIVES STARTS WITH TikTok	강필성 Creative Strategist / Creative LAB, Global Business Marketing

〈그림6〉 IT STARTS WITH TikTok AGENDA

팅 컨퍼런스 '잇 스타트 위드 틱톡'(IT STARTS WITH TikTok)이 큰 방향성을 잡아준 것에 대해서 감사의 말씀을 드린다.

첫 번째 공식 틱톡 마케팅 컨퍼런스였던 이번 행사에서는 틱톡의 다양한 가능성을 엿볼 수 있었다. 전 세계적인 위상과 대한민국에서의 틱톡의 파급력을 알 수 있었는데, 왜 지금 틱톡이 대세가 되었는지를 이해할 수 있는 사례들로 설명을 해주어 이해가 쉬웠다. 마케팅에 관심 있는 대상들을 상대로 준비한 터라 틱톡의 마케팅 솔루션이 무엇이 있는지 그리고 어떻게 활용해야 할지에 대해서 가늠해 볼 수 있는 좋은 시간이었다. 필자는 파트6에서 컨퍼런스의 공식 내용을 참조했음을 미리 알려둔다. 그리고 크리에이터들이 궁금해할 만한 틱톡에서 인기 있는 콘텐츠는 무엇이며, 어떻게 바이럴이 되는가는, 틱톡 내부의 빅데이터 분석을 통해서 알려줬기에 큰 도움이 되었다. 굳이 이 컨퍼런스를 언급하는 이유는 국내에 틱톡의 입장을 보여주는 공식 내용이었기 때문이다.

현재 세 명의 저자가 모두 틱톡을 하고 있고, 또 틱톡에 대한 노하우를 계속해서 쌓아나가고 있다. 실시간으로 변화하는 모든 내용을 담기에는 지면이 부족하기 때문에 저자들의 틱톡 계정, 부록의 교육 과정과 참고 사이트에서 지속적인 업데이트를 하니 함께 공부해 나갔으면 한다. 2021년 틱톡의 시대! 이 책을 읽는 모든 분들이 틱톡으로 마케팅 성과를 극대화하는데 도움이 되시길 기원 드린다!

임헌수 드림

contents

part 3
틱톡 팔로워 늘리는 모든 방법

part 6
틱톡 광고 및 비즈니스 전략

part

1

왜 지금
틱톡 마케팅을
해야 하는가

왜 2021 틱톡 마케팅이 대세인가

이 요란한 음악 나오는 SNS는 뭐지?

바야흐로 틱톡의 시대가 왔다! 2010년 모바일 인터넷 시대의 시작과 함께 지난 10년 동안 수없이 많은 SNS들이 등장했다. 그중에 인스타그램과 같이 폭발적으로 성장하여 작은 사진 앱으로 시작한 것이 100조 원이 넘는 기업으로 성장한 경우도 있고, 바인(vine)같이 흡수되어 명맥만 유지하는 경우도 있다. 하지만 2017년 등장한 '틱톡'은 스마트폰 고유의 세로 화면을 꽉 채우며, 제3의 스크린을 장악하는 SNS가 되었다. (소셜 미디어가 바른 표현이나 이해를 돕기 위해서 SNS로 용어를 통일하였음을 밝혀 둔다.)

당시 인스타그램을 등에 업고 등장했던(인스타그램에서 바이럴로 유행하는 수많은 사진 편집 앱이나 동영상 앱) 콰이(kwai) 앱 다음에 나와서, 유

〈그림1〉 손가락춤으로 강한 인상을 남겼던 Cindy

〈그림2〉 손가락춤을 알려주는 틱톡 유튜브 공식 계정의 튜토리얼 (2017.11.23)

튜브에서 쉴 틈 없이 보여주던 것이 저 손가락춤이었지 않은가? 아마 독자들의 뇌리속에도 박혀 있을 텐데, 2017년 '틱톡' 앱의 전 세계 출시와 함께 대한민국에서도 유튜브 등의 광고에서 수없이 봐왔기 때문일 것이다. 2017년은 유튜브가 폭발적으로 성장하던 시기였고, 아직 사람들이 유튜브 광고에 거부감을 덜 느끼던 때라, 뭔가 또 나왔구나 하고 넘어가지 않았을까 짐작해 본다. 처음엔 다들 비슷한 생각을 했을 것이다! 도대체 뭐하자는 거지? 이 SNS는?

필자도 인스타그램이나 유튜브에 열중하던 중이라, 딱 봐도 시간만 잡아먹는 것 같고 수익 창출에 전혀 도움이 되지 않을 거 같은 SNS의 출현에 크게 관심을 갖지 않았었다. 심심해하는 초딩들이나 재미로 사용하는 일종의 유희 정도로만 생각했었다.

하지만 2020년 들어서 이 생각이 완전히 잘못된 것임을 깨닫게 되었다. 아침에 잠에서 깨어났을 때 주로 켜보는 SNS가 원래 인스타그램이었는데, 이제 틱톡으로 바뀌었다. 틱톡을 열심히 운영하지 않음에도 불구하고 한번 켜서 몇십 분씩 수십 개의 영상들을 감상하는 것을 스스로 보면서 깜짝 놀랐다. 10대들이 춤추고 노는 것쯤으로 생각했었는데, 이제는 더 이상 관망세로 지켜보기만 해서는 안 되겠다는 생각이 본능적으로 든 것이다.

재미의 '슬롯머신'을 당겨라!

〈그림3〉 2020. 5월 세계 비(非)게임 앱 다운로드 순위(사진=센서타워)

아니나 다를까? 2020년 5월 전 세계 비게임 분야 앱 다운로드 순위에서 1등을 차지하게 되었다! 2020년 코로나19가 전 세계를 강타한 가운데, 사람들은 집에 머물러 있다 보니 재미있는 것들을 찾게 되었고, 이 중에서 '틱톡'이 가장 압도적인 지지를 받은 것으로 풀이된다. 본능적으로 '틱톡'에 심상찮은 느낌이 드는 것을 느낀 것들이 실제적으로도 많은 사람들이 사용하고 있음이 객관적으로 드러난 셈이다. 다른 SNS에 비해서 왜 사람들은 '틱톡'에 더 열광하는가? 위의 센서타워 조사에서도 나와 있지만 코로나로 인해서 사람들은 외부로 나갈 수 없게 되었고, 업무나 기타 소통을 위해서 메신저 기능을 가진 것들을 많이 쓰게 되었다. 여기에 덧붙여 틱톡은 '재미'라는 확실한 무기를 가진 최고의 SNS가 아니던가? 유튜브가 가짜 뉴스와 자극적인 영상으로 몸살을 앓고 있고, 인스타는 밖에 나가질 못하니 새로운 사진이 별로 없는 상태였다. 여기에 '틱톡'은 정치적인 색이 없고 또 새로 고침만 하면 전 세계 어디에 있는 사람이든 손쉽게 연결되었다. 마치 라스베이거스의 '슬롯머신'처럼 틱톡의 세로 화면을 넘기기만 하면 언제 뭐가 뜰지 모르는 짜릿한 느낌을 계속해서 주기 때문에 사람들은 더욱더 열광하게 되었다. 이것은 플랫폼 회사들이 무의식적으로 습관을 심어서 심층부에서부터 프로그래밍해 놓은 것이기는 하지만, 일반인들로서는 알 수 없는 사실이다. (넷플릭스 '소셜 딜레마' 다큐멘터리 참조) 그저 '슬롯머신'을 당기듯 새로 고침을 계속해서 함으로써 스크롤을 멈출 수 없게 되는 것! 이게 틱톡을 하지 않는 사람들도 재밌어서 계속 보게 되는 근본 바탕이 되는 셈이다. 유튜브가 화면 전환이나 기타 활동을 하는데 귀찮음을 유발하는데 비해서 틱톡은 한손으로 움켜쥐고 계속해서 보게 만드는 마력이 있다. 세로 동영상이기 때문에 더 몰입감 있고, 15초이기에 짧은 시간에도 많은 양의 콘텐츠를 볼 수 있기 때문이다.

아무나 저작권 걱정 없이 자신을 표현할 수 있는 틱톡의 시대!

〈그림4〉 지코 '아무 노래'

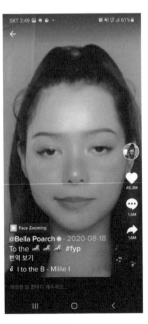

〈그림5〉 벨라포치

〈그림6〉 46년생 춘자씨

2020년 '틱톡'을 통해서 가장 성공한 앨범 홍보를 한 사람을 꼽으라면 아마 '지코'를 들 수 있다. '아무 노래 챌린지'를 통해서 전 세계적으로 총 971,580개의 동영상에 사용되었을 정도로 대히트를 쳤다! 싸이의 '강남스타일'이나 BTS의 성공 사례를 통해서도 알 수 있듯이 보통은 유튜브를 통해서 뭔가를 글로벌로 전파한다는 생각을 가졌던 연예인이나 기업들도, '틱톡'의 가능성을 보게 된 한해였지 않나 싶다. 특히 '틱톡'은 음원 저작권에 대한 걱정 없이 콘텐츠를 만들 수 있기 때문에, 진짜 '아무 노래'나 틀어놓고 내가 표현하고자 하는 것들을 보여주기에 최적이었다. 하지만 필자처럼 몸치인 사람들은 '춤'에 대한 공포를 갖고 있는 게 사실이다. 따라 하고 싶은 욕망이 생기다가도 주저하게 되는 것이 사실이지 않은가? 하지만 그림5의 'bellaporch'를 보면 알겠지만 춤을 추지 않고도 상황에 맞는 음악과 얼굴 표정만으로도 글로벌 바이럴을 타는 것을 보면서 영감을 얻는 분들이 많을 것이다. 46년생 춘자씨는 어떤가? 유튜브에 '박막례'가 있다면 '틱톡'에서는 춘자씨가 'godaddygo'를 남편과 함께 귀엽게 표현하고 있다. 보통 틱톡을 MZ세대의 SNS라 하여 그들만의 전유물로 생각하는 경향이 있으나, 곧 다양한 연령대의 사람들이 진입할 것으로 확신한다. (이미 30대, 40대 주부층은 많이 진출하였다.)

2021년 '틱톡'만의 갬성으로 '틱톡스럽게' 마케팅을 재구성하라!

지난 10년간 수없이 많은 SNS가 나오면서 사람들은 어떤 하나만 사용하지 않음이 밝혀지게 되었다. 심지어 계정도 여러 개 두어서 '부캐(두 번째 캐릭터)'를 만들어서, 나의 내면에 있는 다양한 욕망을 분출하고 있는 시대이다. 필자의 경우도 실제 생활의 모습과 인스타그램, 유튜브,

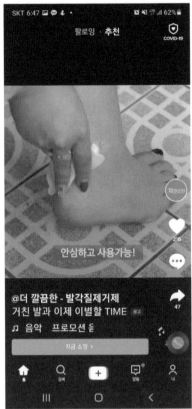

〈그림7〉 강남 허준   〈그림8〉 틱톡 광고

틱톡 등 각 SNS마다 약간씩 다른 캐릭터를 줘서 운영하고 있을 정도이다. 마치 영화 '반칙왕(2000.02.04. 개봉)'에서 주인공 송강호가 낮에는 은행원이었다가 밤에는 '프로레슬러' 선수로 변하는 것처럼 사람들은 다양한 SNS를 넘나들면서 '내 속의 너무나도 많은 자아'들을 보여주고 있다. 이것은 비단 Z세대뿐만 아니라 인간이라면 공통적으로 나타나는 현상이라고 볼 수 있다.

그런 면에서 '틱톡'의 위치는 확고하다. 보통의 사람들은 하나의 콘텐츠를 만들면 그걸 재탕삼탕 여러 곳에 올리기 마련이지만, '틱톡'은 똑같은 영상이라도 소비되는 문법이 완전히 다르기 때문에, '틱톡스러운' 콘텐츠를 완전히 새로 만들어야 한다. 기본 포맷인 '15'초에 사람들의 음악과 세로 동영상을 믹싱해서 콘텐츠를 만드는 것은 기존의 상식으로 극복하기 어려운 부분이다. 그림7의 강남 허준님은 건강상식을 틱톡에 맞춰서 새롭게 전파하고 있는데, 이것은 기존의 블로그 글이나 유튜브 영상과는 완전히 다른 형태의 게시물이다. '틱톡스럽게' 콘텐츠를 만들 수만 있다면 굳이 춤이 아니더라도 다양한 업종의 다양한 상품이나 서비스를 '틱톡' 플랫폼을 통해서 홍보가 가능한 시대가 되었다. 여기에 발맞춰 틱톡은 기존의 15초 포맷에 이어서 60초, 3분(교육이나 지식 관련 콘텐츠일 경우)까지 영상을 올릴 수 있게 해주어서, 더 활용도가 높다는 사실이다.

그림8은 틱톡의 추천페이지에 뜨는 광고를 캡처한 것인데, 항상 사람이 많이 있는 곳에는 비즈니스를 위한 광고 시스템이 발달해 왔었다. 2019년에 첫 런칭된 옥션 방식의 틱톡 비즈니스 광고를 활용하면 지역, 성별, 연령, 관심사 등 다양한 타겟을 대상으로 광고가 가능하니 적절한 비용을 들여서 광고 집행도 해야 하는 시기이다. 덧붙여 인플루언서와의 협업, 틱톡만의 챌린지 시스템 등을 활용하여 나의 비즈니스를 극대화할 수 있는 토탈 마케팅 플랫폼으로서 가능성을 믿고, 시간과 비용을 투자할 시기이다.

1-2 새로운 경험과 영향력 그리고 MZ세대의 장난감 '틱톡'

새로운 경험과 FYP(for your page)

'너는 무엇 때문에 사니?'라고 물어보면 답변하기 정말 어려운 것이 사실이다. 각자 중요하게 생각하는 것이 다르기 때문이다. 가족을 위해서 산다고 하는 사람도 있고, 행복을 위해서 산다고 하는 사람도 있다. 하지만 '새로운 경험'과 '영향력'이란 키워드만 있으면 대부분의 인간 삶은 비슷하기 때문에 설명하기가 쉬워진다.

여기서 '새로운 경험'이란 말 그대로 내가 해보지 않은 것을 의미한다. 아직 먹어보지 않은 음식도 많고, 여행해 보지 않은 나라들도 많다. 이런 경험을 충족시키기 위해서 근본인 돈을 벌어야 하는 것이 아니겠는가? 부족함이 없어지고, 언제든 손 안에서 세상의 정보를 구할 수 있는 이 시대에는 내가 해보지 않은 것들에 대한 욕망이 계속해서 생기기

마련이다. 인간의 삶은 대개가 비슷하기 때문에, 이미 앞서 갔던 인생의 선배들이 했던 것들을 나도 하게 되는 경우가 대부분이다. (결혼, 출산, 육아 등) 또한 내가 해보지 못한 것들을 미리 경험한 사람들을 동경하면서, 처음엔 대리만족이지만 나중에는 나도 그것을 꼭 해보려 하는 게 인간 심리의 기본이지 않나 싶다. 흔히 말하는 가장 평범한 삶을 살면서, 조금 더 나은 삶의 경험을 해보려는 것이지 않겠는가?

〈그림1〉 유튜브 피드

〈그림2〉 인스타그램 피드

그러나 희망차게 시작했던 2020년은 그 평범한 일상을 없애버렸다! 해외여행을 가서 새로운 문물을 많이 접해야 하는데, 해외는커녕 국내도 제대로 못 돌아다니고 집 안에서만 있어야 하게 되었다. K-방역으로 대한민국은 그나마 숨통이 트여서 이동이 막힌 것은 아니다. 락다운이라는 봉쇄가 있는 유럽의 나라들을 보면 숨이 턱턱 막힌다. 코로나 팬데믹으로 전 세계가 어려운 상황에서 2020년 가장 인기 있는 '앱'이 있었으니 그게 바로 '틱톡'이다. 집에만 있으니 심심하고, 그 심심함을 달래줄

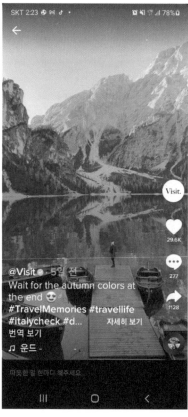

〈그림3〉 틱톡 FYP

〈그림4〉 한 손으로 움켜쥐고 모든 게 가능

'재미'를 꽉 잡은 SNS 틱톡이 눈에 들어오지 않았나 싶다.

세상의 모든 순간을 캡처해서 보여준다는 '인스타그램'의 피드는 이제 좀 지겹다! 페이스북의 알고리즘과 유사해져서 나의 팔로워 중 매번 보이는 사람의 똑같은 일상만 보이기 때문이다. 유튜브는 어떤가? 수없이 많은 어그로성 콘텐츠와 정제되지 않은 가짜뉴스 등으로 몸살을 앓고 있다. 이러한 와중에 틱톡은 유튜브처럼 무겁지 않게 엄지손을 위로 계속해서 밀기만 하면 '새로운 영상'을, 그것도 처음 보는 전 세계 사람들의 영상을 끊임없이 노출시켜 준다.

FYP(for your page)는 마치 문을 열면 완전히 다른 세계로 넘어가는 SF 영화의 한 장면처럼 매일 새로운 음악과 영감을 주는 영상으로 빠져들게 만든다. 15초라는 특성 때문에 짧은 시간 안에 더 많은 새로운 경험을 하게 해주니, 이처럼 중독되게 만드는 SNS도 없는 듯하다.

사람은 습관의 동물이다. 틱톡를 하고 있는 나의 모습, 특히 스마트폰을 장난감 가지고 놀듯 사용하는 MZ세대의 모습을 상상해 보아라! 그림4에서 보는 것처럼 항상 손에 움켜쥐고 있고, 맘에 드는 동영상이 있으면 바로 좋아요를 누를 수 있다! (SNS 설계부터가 소름끼치도록 정교함을 새삼 느낄 수 있다.) TV CF도 15초인데, 1분이면 4개의 영상을 감상할 수 있다! 보통 틱톡 유저들은 하루에 1시간 동안 틱톡을 보는데, 240편의 영상을 보는 셈이다! 틱톡이 강조하는 '광고를 만들지 마세요! 틱톡을 만드세요'라는 말이 허황된 것이 아님을 알 수 있는 대목이다! 왜 틱톡을 해야 하는지, 그리고 왜 기존의 포맷과 달리 틱톡스러운 동영상을 만들어야 되는지 이해할 수 있다.

〈그림5〉 전 세계 최대 틱톡 팔로워 보유자
'찰리 다멜리오'

〈그림6〉 대한민국 틱톡의 상징 '옐언니'

　　지난 10년은 모바일 시대이면서 SNS의 시대이기도 했는데, 이제 더이상 사람들은 TV의 노예가 되지 않게 되었다. 오히려 더 재미있고, 심지어 내가 그동안 TV에서 보아왔던 연예인과 같은 '영향력'을 지닌 존재로 거듭나게 해주기도 한다. 앞에서 얘기한 '새로운 경험'으로 돌아와 내가 돈이 엄청 많은 부자여서 해볼 수 있는 대부분의 경험을 다 해보았다면 사람들은 무엇을 하고 싶을까? 바로 나의 '영향력'을 미치고 싶은 것이다. SNS 초창기 '파워블로거'들을 통해서 보아왔고, 또 지난 5년간 수많은 '유튜버'들을 보면서 돈도 벌고 나의 얘기가 다른 사람들에게 전달되는 것을 알게 되었다. 이러한 것들을 몸으로 겪은 MZ세대들에게 유튜브보다 부담이 적으면서 쉽게 나의 일상을 공유할 수 있는 '틱톡'의 존재는 그야말로 최고의 소통 수단이지 않나 싶다. 특히 '틱톡'은 음원 저작권 문제에서 자유롭기 때문에, 걱정 없이 다양한 콘텐츠를 만들 수 있다. BTS의 노래를 부르며 춤을 출 수도 있다는 것은 정말 신나는 일이 아닌가? 영상을 찍고 뭔가 굉장한 편집을 해야만 할 것 같은 유튜브에 비해서, 틱톡 앱에서 바로 편집해서 올릴 수 있다는 것 또한 최고의 장점이다.

그림5는 전 세계에서 틱톡 팔로워가 가장 많은 '찰리 다멜리오'의 계정인데, 평범한 여학생이 자신이 춤추는 모습을 공유하던 게 시초이다. 지금은 BTS보다도 팔로워가 많다고 하는데, 요즘의 MZ세대에게는 더 영향력을 끼치는 인플루언서이지 않은가? 유튜브의 상징인물인 '대도서관'처럼 틱톡에는 그림6의 '옐언니'가 있다. 창의적인 영상으로 수많은 틱톡커들에게 영감을 주고 있는데, 누구나 크리에이터가 될 수 있도록 하겠다는 틱톡의 사명을 완수하는 인물이지 않나 싶다.

틱톡 마케팅에 집중해야 하는 이유

틱톡의 장점인 세로 스크린의 숏폼 비디오, 자유로운 음악 사용 등은 이제 기본 상식이 되었다. 필자는 이에 덧붙여 인간은 무엇으로 사는가라는 질문과 답변으로 '새로운 경험'과 '영향력'이라는 거창한 키워드로 설명을 해보았다. 지난 10년간의 SNS의 발전사를 보았을 때에도 항상 10대들이 트렌드를 만들고 선도하였다. 틱톡도 마찬가지인데, 항상 그 후에 다른 연령대들이 합류하게 되었다. 필자의 오랜 경험으로는 2021년을 기점으로 똑같은 현상이 재현되리라 예측하는 바이다. MZ세대뿐만 아니라 인간이라면 공통적으로 느끼는 특징 때문에라도 '틱톡'이 현재 가장 뜨거운 SNS가 된 것임을 인지하고 마케팅에 어떻게 활용할지를 생각해 보는 계기가 되었으면 한다.

1980년대 초~2000년대 초 출생한 밀레니얼세대와 1990년대 중반~2000년대 초반 출생한 Z세대를 통칭하는 말이다. 다만 세대를 가르는 기준은 차이가 있는데, 밀레니얼세대에 대해 1980~1995년 사이 출생한 세대, Z세대를 1996~2000년 사이 출생한 세대로 보는 시각도 있다.

디지털 환경에 익숙한 MZ세대는 모바일을 우선적으로 사용하고, 최신 트렌드와 남과 다른 이색적인 경험을 추구하는 특징을 보인다. 특히 MZ세대는 SNS를 기반으로 유통시장에서 강력한 영향력을 발휘하는 소비 주체로 부상하고 있다. MZ세대는 집단보다는 개인의 행복을, 소유보다는 공유를, 상품보다는 경험을 중시하는 소비 특징을 보이며, 단순히 물건을 구매하는 데에서 그치지 않고 사회적 가치나 특별한 메세지를 담은 물건을 구매함으로써 자신의 신념을 표출하는 '미닝아웃' 소비를 하기도 한다. 또 자신의 성공이나 부를 과시하는 '플렉스' 문화를 즐기며 고가 명품에 주저 없이 지갑을 여는 경향도 있다.

출처 :[네이버 지식백과] MZ세대 (시사상식사전, pmg 지식엔진연구소)

1-3

띠동갑형, 노장금, 임헌수는 왜 뭉쳤나

이 파트를 쓰고 있는 필자는 중문과 출신이다. 그래서 항상 농담으로 하는 얘기가 있었다. 대학 졸업 후 한번도 전공을 활용해 본 적이 없이,

〈그림1〉 틱톡에 대해서 집중해서 연구하는 집단 : 임헌수, 띠동갑형, 노장금(왼쪽부터)

전혀 다른 분야인 SNS 마케팅 업계에 있다고 말이다. 하지만 요즘은 '틱톡'이라는 중국 태생의 SNS를 연구하게 되면서 드디어 15년 만에 전공을 활용하고 있다고 말한다. 그도 그럴 것이 '틱톡' 모회사는 바이트댄스이고 중국에서 이미 抖音(더우인)이란 서비스로 나왔던 것으로 글로벌 진출을 한 것이라, 뭔가 이해가 안 가는 부분이 있으면 중국 자료를 찾아보게 마련이다. 당연하겠지만 중국에서 抖音(더우인)을 통해서 먼저 있었던 일들을 조사해 보면 국내는 물론 글로벌로 어떤 서비스가 나오고, 어떻게 플랫폼이 진화를 할지 예측할 수 있게 한다. 그리고 필자는 오랫동안 개인과 소상공인, 관공서, 대기업 등을 상대로 마케팅 교육을 해오고 있다. 그렇기 때문에 틱톡의 비즈니스적인 활용성과 광고하는 법 등에 관심이 많고, 그 부분을 알려드리기 위해서 part 1과 6을 집필했다. 틱톡 운영이 부담스러운 분들은 바로 광고하는 방법을 익혀서 활용하시면 좋겠다.

띠동갑형은 2019년에 시작하여 단기간 내에 150만 명을 만든 요즘 유행하는 전형적인 MZ세대에 속한다. 그들 세대의 문법을 알고 있고, 틱톡 플랫폼에서 일어나는 제반 현상에 관해서 온몸으로 알고 있는 틱톡 커이기 때문에, 틱톡 크리에이터가 되고 싶으신 분들은 그의 말에 귀 기울이면 된다. 본인이 소위 말하는 '인플루언서'이기 때문에 인플루언서의 입장이 어떤지, 어떤 생각을 가지고 있는지를 알고픈 기업들에게도 큰 도움이 되지 않을까 한다. 이 책의 part 2, 3, 4를 띠동갑형이 집필한 이유도 틱톡이 폭발적으로 성장하던 시기의 흐름을 제대로 알고 있고, 그 부분을 잘 설명해 줄 수 있었기 때문이다.

마지막으로 노장금은 틱톡으로 표현하기 어렵다는 '요리'라는 주제로 착실하게 브랜딩을 하고 있는 크리에이터이다. 블로그부터 시작하여 인스타그램, 페이스북, 유튜브 등 다양한 SNS를 섭렵하였고, 이제 틱톡의 가능성을 보고서 에너지를 집중하고 있다. 지식 콘텐츠를 다루는 분들이나 개인의 퍼스널 브랜딩을 강화시키고 싶은 분들, 꼭 몇 십만이 아니라 적은 수의 팔로워라도 충성팬을 늘려가고픈 분들에게는 현실적인 조언을 해줄 수 있다. part 5에서 노장금은 본인이 '틱톡'을 하게 된 계기부터 1만 팔로워가 될 때까지의 모든 것을 상세하게 기술하였다. 그동안 틱톡을 10대들의 전유물이라 생각하거나 끼 있는 분들만 하는 SNS라고 인식했던 분들에게, 생각의 전환을 일으킬 수 있게끔 도와줄 수 있다. 마침 틱톡에서도 '틱톡교실'이라 하여 교육이나 지식 관련 콘텐츠를 가진 크리에이터들을 밀고 있으니, 노장금의 사례를 참고삼아서 틱톡을 활용해 보셨으면 한다. 책을 공저로 낸다는 것은 굉장히 힘든 일이나 각자 연령대도 다르고 전문 분야가 다르기 때문에 혼자서는 못하는 부분까지 다 채워졌다고 자부한다. 틱톡의 무궁한 가능성을 몸소 체험하고 집중해서 연구하는 세 명의 저자이자 크리에이터들의 노하우를 총정리한 이 책을 통해서 '틱톡'의 개설부터 '마케팅' 활용까지 모두 얻어가시길 바란다. 왜 3명이 뭉치게 되었는지 이해가 되었다면 바로 part 2을 보면서 틱톡 계정을 만들어 보자!

part

2

틱톡
플랫폼의
이해

2-1

틱톡이란
무엇인가?

틱톡은 중국 SNS인가?

틱톡은 중국 기업 바이트댄스사가 서비스하는 소셜네트워크 서비스 앱으로, 15초~60초의 짧은 숏비디오 플랫폼이다. 2016년 150개 국가

〈그림1〉 중국 베이징에 위치한 틱톡의 모회사 바이트댄스   출처 : 바이트댄스

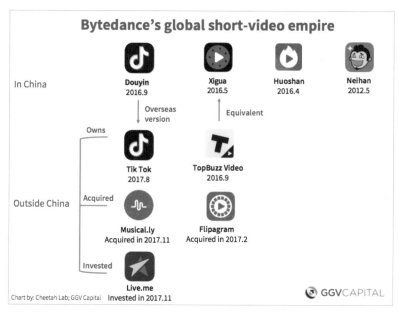

〈그림2〉 바이트댄스의 글로벌 숏폼비디오 제국　출처 : GGVCAPITAL

및 지역에서 75개 언어로 서비스를 시작했고, 대한민국에서는 2017년 11월부터 정식으로 서비스를 시작했다.

　그림2에서 알 수 있듯이 바이트댄스는 중국 내에서 먼저 抖音(더우인)을 출시하였고, 그의 글로벌 버전으로 '틱톡'을 전 세계에 오픈을 하였다. 그래서 국내에서 사용 중인 중국의 抖音(더우인)과는 다른 형태이다. 그림3과 그림4를 보면 겉으로 보여주는 화면 구성은 비슷하나 먼저 출시된 중국에서의 抖音(더우인)이 플랫폼 완성도와 서비스에 있어서 좀 더 앞서 나가는 것이 사실이다.

　TikTok이라는 이름은 시간이 "틱톡 틱톡" 흘러가는 의성어이다. 틱톡의 특징인 짧은 동영상을 시계 초침이 움직이는 소리를 차용하여 이용자들에게 서비스의 특징을 각인시키는 이름이다. 로고 또한 흰색과 검정색 배경 사이에 빨간색과 파란색을 중첩시켜 움직이는 동적인 느낌을 준다. 흔들리는 이미지로 신나는 멜로디와 역동적인 화면을 이미지화하였다. 기업가치 84조 원을 달성해 잠재력이 굉장한 동영상 어플 애플리케이션 으로 평가받고 있으며 전 세계 이용자 수 10억 명을 뛰어넘었다.

〈그림3〉 抖音(더우인) 화면   〈그림4〉 틱톡 화면

SNS를 두고 미국과의 분쟁?

미국의 트럼프 대통령은 중국의 SNS가 자국의 개인정보를 빼앗아 간 다며 틱톡 측과 협상을 벌였다. 미중 무역 갈등을 빚고 있는 상황에서 나

온 조치이기에 SNS를 넘어서는 국제적인 파워 싸움을 생생하게 목격할 수 있는 사건이었다. 그만큼 틱톡은 우리가 그동안 아무렇지 않게 사용해 왔던 SNS들과는 특별한 느낌이 있는 것이 사실이다. 객관적인 지표에서도 드러나지만, 이러한 정보 보안의 불안에도 불구하고 틱톡의 사용자는 계속해서 늘고 있다. 특히 우리나라 같은 경우는 지코의 '아무 노래 챌린지'를 통해서 그 가능성이 입증되자 연예인들이 먼저 앞 다투어 사용하기 시작하였고, 현재는 MZ세대를 넘어서 다양한 연령대의 유저들도 대거 진입하고 있는 중이다.

2019년 미디어는 틱톡을 2010년부터 2019년까지 10년간 7번째로 다운로드가 많은 모바일 앱으로 꼽았으며, 2018년과 2019년 애플 앱스토어에서도 페이스북, 유튜브, 인스타그램을 제치고 가장 다운로드가 많은 앱으로 꼽았다.

틱톡은 전 세계적으로 20억 다운로드 수를 기록했으며, 월평균 이용자가 8억 명에 달하고 있다. 또한 월스트리트 저널에 따르면 틱톡의 이용자는 하루에 평균 8번 이상 앱을 켜고, 약 45분 동안 사용을 한다고 한다. 미국에서는 유튜브를 제치고 2018년 1분기부터 5분기 연속 다운로드 수 1위를 거머쥘 정도로 인기다.

틱톡의 슬로건은 숏확행(=짧게 확실한 행복)인 만큼, 현재 전 세계에서 숏비디오 플랫폼으로는 1위를 차지하고 있으며 단기간에 틱톡의 인기는 세계적으로 뻗어 나갔다. 나이는 12세 이상부터 사용 가능하며, 현재 틱톡의 메인 연령층은 MZ세대이다.

월스트리트저널(WSJ) 등 주요 외신에 따르면 틱톡과 오라클, 월마트 등은 틱톡의 미국 사업 등을 총괄하는 '틱톡글로벌'이란 회사를 텍사스주에 설립하기로 합의했다. 트럼프 대통령은 "새 회사는 텍사스에 본사를 두고 2만5000명을 고용할 것"이라며 "오라클과 월마트가 감독하게 되며 중국과 무관한 회사가 될 것"이라고 강조했다. 이어 "100% 안보를 확보할 것"이라며 이번 합의가 국가안보에 대한 우려도 해결했다고 말했다.

출처 : 한국경제 '비즈니스맨' 트럼프, 틱톡 흔들어 2만5000개 일자리 챙겼다 2020.09.20

잇 스타트 위드 틱톡(IT STARTS WITH TikTok)

틱톡은 2020년 12월 10일 온라인으로 국내 기업 마케팅 및 디지털 마케팅 전문가들을 대상으로 첫 번째 공식 마케팅 컨퍼런스를 진행하였다. 틱톡을 활용한 브랜딩 및 글로벌 시장 공략 방법 등 기업을 위한 다양한 마케팅 솔루션을 제시하였다. MZ세대 특유의 콘텐츠 소비 습관에 대한 깊은 이해를 바탕으로 한 틱톡의 비즈니스 솔루션으로 국내의 중소 상공인을 비롯한 기업들의 활용성을 강조한 이 행사는 많은 힌트를 주었다. 2020년까지의 틱톡과 그 이후의 틱톡의 방향성을 정확히 알 수 있는 좋은 기회였는데, 특히 이 책의 part 6의 상당 부분은 '컨퍼런스'의 상당 부분을 참고했음을 미리 알려둔다.

〈그림5〉 틱톡 컨퍼런스 세션3 중에서   출처 : 틱톡 공식 유튜브

    틱톡 컨퍼런스를 통해서 확실히 알 수 있는 것은 이제 SNS를 넘어서, 전자상거래 솔루션으로 진화하는 틱톡의 미래를 볼 수 있었다는 점이다. 그래서 이 장의 첫 부분에 바이트댄스와 抖音(더우인)에 대해서 언급한 것이다. 앞서 진행된 중국의 상황을 미리 학습하고 있다 보면 그것이 그대로 대한민국에서 적용되는 모습을 볼 수 있게 될 것이기 때문이다.

2-2 대한민국 8대 SNS와의 비교와 틱톡 동영상의 가능성

2010년부터 지난 10년간(싸이월드 포함) SNS의 흥망성쇠를 연구하고 있는 필자는 대한민국에서 어떤 SNS를 해야 하는지를 명확히 구분하고 시작했으면 하는 제안을 드리고 싶다. 남들이 한다고 해서, 아니면 이게 막 뜬다고 해서 하는 것이 아니라 내 업종과 상황(타깃 고객)에 맞는 것을 찾아서 해당 SNS에 집중하면 좋은 성과가 나오지 않을까 한다.

먼저 8개의 SNS는 운영 방식에 따라서 글, 사진, 동영상 콘텐츠 기반으로 나눌 수 있을 것 같고, 해당 콘텐츠가 검색 엔진에 노출이 되느냐 되지 않느냐로 또 구별이 될 수 있을 듯하다. 운영의 난이도는 해당 매체를 하는 사람들의 성향에 따라서 달라지기에 객관적인 기준을 세우기는 어렵다. 이렇게 구분을 해서 이해한 다음 개인이나 회사의 목적에 따라서 운영하는 것이 좋을 듯하다. 보통 '트위터'를 트럼프 대통령이나 하는 거 아냐라고 무시하는데, 트위터는 마니아층의 절대적인 지지

대한민국 8대 SNS 비교 분석

	글	사진	동영상	메시지	라이브	광고	쇼핑
Twitter	O	O	O	O	O	O	X
blog	O	O	O	O	X	X	X
	O	O	O	O	X	X	X
Facebook	O	O	O	O	O	O	X
Band	O	O	O	O	X	O	X
Instagram	O	O	O	O	O	O	O
YouTube	X	X	O	X	O	O	O
TikTok	X	X	O	O	O	O	O (2021년)

〈그림1〉 대한민국 8대 SNS(출처 : 임헌수 자체 작성)

를 받기 때문에 여기서도 판매 행위를 하는 분들도 많다. 국내의 대표적 인 SNS인 카카오 스토리나 밴드는 2014~2016년의 전성기를 지나서 지금은 하락세를 걷고 있는 게 사실이다. 유튜브가 폭발적으로 성장하여 한동안 네이버 블로그를 하는 분들도 모두들 네이버를 떠나서 유튜브로 둥지를 틀었던 적이 있다. 하지만 유튜브도 2016년도부터 활발히 사용된 지 5년이 넘다보니 가짜뉴스와 어그로성 게시물, 그리고 내돈내산 뒷광고 등으로 논란이 된 것을 생각해 본다면 막연하게 유튜브만 믿고 있을 수도 없는 노릇이다. 그래서 이주했던 네이버 블로거들이 다시 회귀하여 '네이버 인플루언서'가 되어 보다 정교한 콘텐츠를 생산하고 있기도 한다. 역시 대한민국에서 마케팅하려면 네이버 블로그는 안 할 수가 없지 않은가란 말이 나오는 이유이다.

〈그림2〉 임헌수 블로그   〈그림3〉 임헌수 인스타그램   〈그림4〉 임헌수 유튜브

　　필자의 주력 SNS 채널 3가지이다. 지식 콘텐츠를 다루다 보니 블로
그에 전문지식을 올리고, 그 내용을 또 영상으로 만들면 유튜브가 된다.
독특한 것은 인스타그램인데, 최근의 트렌드는 인스타의 글이 점점 길
어지고 있어서, 적절한 사진과 글 내용만 있으면 인스타도 블로그 못지
않은 파급력을 가질 수가 있다. 뭐니 뭐니 해도 인스타의 장점은 DM 등
을 통해서 고객과 밀접하게 소통할 수 있다는 점이다. 글, 사진, 동영상
을 대표하는 매체들이라 운영하고 안 하고의 문제가 아니고, 여력이 된
다면 무조건 해야 하는 것들이다. 그런 면에서 보자면 그림1에서 알 수
있듯이 현재 여러 가지 모든 기능을 다할 수 있는 것은 인스타그램이 유
일하다. 2020년 11월 이후로 커머스로 진화하는 모습을 보여주고 있고,
앞으로 라이브방송을 하면서 팔로워들에게 직접 판매하는 모델까지를

〈그림5〉 노장금 인스타그램 〈그림6〉 노장금 틱톡 〈그림7〉 노장금 유튜브

염두에 두고 발전시켜 나가고 있다.

'요리'라는 주제로 틱톡을 할 수 있을까? 15초로 뭘 보여줄까? 고민되는 주제가 아닐 수 없다. 그래서 예전 같이 하나의 동영상을 만들어서 그걸 인스타에도 올리고(60초 영상이 기본, IGTV의 경우 최대 1시간 업로드 가능), 틱톡에도 올리고 유튜브에도 올리면 편리하고 좋겠지? 원소스 멀티유즈(One Source, Multy Use)가 되네라고 생각할 수 있다.

하지만 지난 몇 년 전까지의 상황과 완전히 달라졌다. 현재는 멀티 SNS의 시대로 다른 SNS와 전혀 상관없이 각 SNS마다 본인들이 원하는 목적만 달성하면 된다. 즉, 인스타에서는 사진으로 보여주는 갬성으로 시각을 만족시키고, 유튜브에서는 자세한 레시피를 볼 수 있다. 그렇다면 틱톡은? 틱톡은 MZ세대들의 특징으로 흔히 말하는 집중력이 8초이기 때문에, 그에 맞게 흥미만 유발할 수 있으면 된다. 콘텐츠를 만들 때 사용한 음악이 해당 음식과 딱 맞아떨어진다면 팔로워들의 열광적인 지지를 얻을 수 있고, 이것은 홍보나 판매로 바로 이어지게 마련이다. 앞의 그림1에서 보듯이 틱톡도 세로 동영상 태생인 것을 감안한다면 나머지 기능들(라이브방송, DM보내기, 쇼핑)이 다 되기 때문에 앞으로의 성장 가능성에 높은 점수를 줄 수 있다.

영상이라고 해서 똑같은 영상이 아닌 '틱톡스러운' 영상! 필자가 앞서 여러 가지 SNS를 비교한 이유는 이 '틱톡스러운'이라는 말의 의미를 정확히 전달하기 위함이다. 제대로 '틱톡스러운' 콘텐츠가 만들어졌다면 인스타그램보다 바이럴이 빠르며, 유튜브보다 팔로워가 금방 늘어나는 멋진 마케팅 채널을 운영하게 되기 때문이다. 지난 10년의 SNS 역사에서 보았을 때 틱톡은 가장 마지막에 나왔지만, 세로 동영상 포맷을 장악하고서 그 영향력을 다방면으로 확산시키고 있는 중이다.

2-3

틱톡의 파급력,
밈&챌린지

밈

Internet Meme 줄임말로 SNS 등에서 유행하여 다양한 모습으로 복제되는 짤방 혹은 패러디물을 이르는 말이다.

흔히 밈을 단순히 웃기는 영상이나 유행어로 생각하기 쉬운데, 특정 사진이나 영상보다는 누군가의 열정과 에너지를 다해 만들어진 특정 결과물을 모두 함께 공유함으로써 얻을 수 있는 재미에 가깝다. SNS에서 동일한 소재로 다양한 콘텐츠들을 만들어 아는 사람만 즐기는 메인스트림을 형성하고 거기에 일조했다는 희열을 즐기는 것, 그 자체가 밈이다.

밈이 형성되는 일정한 규칙은 없다. 인터넷에 돌아다니는 수많은 패러디 콘텐츠와 짤방 중 어떤 것이 인기를 얻어 강력한 밈이 될지 아무도 예측할 수 없다. 분명한 것은 밈은 짧은 시간 동안 광범위하고 빠르게 퍼져 유행을 만들어 낸다는 점이다. 특히 주목할 만한 점은 이처럼 네티즌의 자발적 공유와 확산 행위를 통해 생겨나고 소멸하기를 반복하던 밈이 이제 하나의 놀이문화를 넘어 현실세상의 비즈니스 트렌드를 좌우할 정도로 성장하고 있다는 점이다.

틱톡은 밈의 지평도 바꿔 놨다. 기존 밈의 형태가 영상을 재가공하는 형태였다면, 틱톡은 이용자들이 밈의 주인공이 되는 놀이 형태인 챌린지 문화를 만들었다. 챌린지에 참여하는 방법도 간단해 이용자들의 수도 늘어나고 있다. 해당 챌린지 페이지에서 카메라 버튼만 누르면 그 안에서 모든 편집이 가능하다. 챌린지의 유형도 트렌드를 반영해 빠르게 업로드되고 있으며, 필터를 이용한 챌린지부터 댄스, 단순 미션 수행 등 챌린지 유형도 다양하다. 틱톡에서 밈은 3단계로 설명된다. '영상 업로드 ⇨ 모방 ⇨ 업그레이드'

첫 번째로 영상이 업로드가 되고 그 영상이 밈으로 유행이 시작된다.

두 번째로 그 영상을 모방하여 촬영해서 사람들이 업로드를 하기 시작한다.

마지막 세 번째로 업그레이드 단계인데, 모방을 거쳐서 원본 영상보다 많이 진화된 영상들을 볼 수 있다. 큰 주제는 같지만 자신만의 색깔을 입혀 색다른 영상을 만들어 낸다. 이렇게 3단계의 과정이 틱톡에서의 밈이라고 할 수 있다.

챌린지

밈 문화에 익숙한 MZ세대의 취향 저격. 바로 틱톡의 대표적인 특징인 챌린지다.

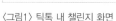
〈그림1〉 틱톡 내 챌린지 화면

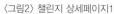
〈그림2〉 챌린지 상세페이지1

〈그림3〉 챌린지 상세페이지2

보통 해시태그(#)로 챌린지를 하는데, 이 해시태그 챌린지 하나로 전
세계가 하나가 되는 경우가 있다. 대한민국에서 가장 인기 많았던 챌린
지는 지코의 #아무 노래 챌린지가 있으며 세계적으로 조회수가 7억뷰를
넘는 성과를 얻었다.

챌린지를 통해 기업과 연예인들의 마케팅도 활발하게 이뤄지고 있
다. 많은 틱톡 이용자들이 챌린지를 자발적으로 참여하여 자연스럽게
더 알려진다.

챌린지 성공 요인은 누구나 참여할 수 있고, 틱톡의 특수 효과 기능
과 저작권 걱정 없이 사용할 수 있는 다양한 음원 제공 등이 있다. 이러
한 챌린지를 통해 틱톡은 이용자들이 영상으로 마음껏 놀 수 있는 플랫
폼이 됐다. 특히 틱톡 내 음원은 국내 음원뿐 아니라 다양한 해외의 인기

음원까지 저작권이 해결되기 때문에 자유로운 음원선택이 가능하니, 이용자들은 더욱 부담없이 즐길 수 있다.

틱톡 내 챌린지 화면을 보면 메인 베너에 걸려 있는 것이 현재 틱톡에서 진행하는 챌린지이고(그림1), 클릭을 해서 상세페이지를 보면 해당 챌린지에 대한 설명과 참여방법이 나와 있다. 그중엔 상품이나 상금이 걸려 있는 챌린지도 있는데 상품 종류나 금액 역시 챌린지 상세페이지에 나와 있다. (그림2, 3)

당첨 기준은 대부분 나와 있지 않지만 좋아요와 조회수가 높은 영상들이 상당수 당첨이 된다. 좋아요&조회수가 높으면 해당 영상이 챌린지의 상단에 위치하기 때문에 그만큼 사람들에게 노출이 많이 된다. 생각을 해보면 해당 챌린지를 주최한 쪽에서도, 챌린지 참여 영상들 중에서 기왕이면 재밌고 상단에 위치해서 많은 사람들에게 노출이 되어 브랜딩 효과를 확실히 본 영상들을 당첨시키지 않을까?

챌린지라는 단어 자체가 틱톡에서 처음 생겨났다고 착각할 정도로, 틱톡은 챌린지로 시작해서 챌린지로 끝난다고 해도 과언이 아니다.

〈띠동갑형의 2020년 틱톡 내 챌린지 당첨 이력〉

*누빠남다 배그 챌린지/1등 300만원

*신라면 챌린지/2등 에어팟프로(그림4, 5)

*포테토칩 챌린지/2등 에어팟프로

*과일사이다 챌린지/1등 아이패드프로

*핫식스 챌린지/1등 아이패드프로

*흥미원 챌린지/2등 lg빔프로젝트

*오레오할로윈 챌린지/1등 갤럭시Z플립

농심 신라면 #맛으로 말해요 챌린지 당첨 안내: 에어팟 프로 당첨을 축하드립니다! 전달 드리는 구글폼에 정보를 입력하여 10/16까지 회신 부탁 드립니다. 12주 〉

〈그림4〉 신라면 챌린지 당첨 알림

〈그림5〉 신라면 챌린지 참여 영상

[이벤트 당첨 안내]: 안녕하세요! 농심 포테토칩댄스 챌린지 이벤트 운영사무국입니다.
포테토칩댄스 챌린지 이벤트 당첨을 축하드립니다!

9월 14일까지 구글폼을 통해 경품 발송을 위한 개인정보를 입력해주시기 바랍니다.
* 9월 14일 자정까지 제출해야 하며, 마감기간 이후 제출 시 당첨이 취소됩니다. 16주 〉

〈그림6〉 농심 포테토칩 챌린지 당첨 알림

〈그림7〉 포테토칩 챌린지 참여 영상

〈2020년 유행했던 틱톡 챌린지 예시들〉

-지코 아무 노래 챌린지

-올리비아 반전 챌린지

-와이프잇다운 반전 챌린지

-맥도날드 빅맥송 챌린지

-방탄소년단 BTS 4집 타이틀곡 ON 30초 틱톡에서 선공개!!

(60시간 만에 조회수 1억뷰)

2-4

틱톡 가입하기 및
프로필 세팅

틱톡 가입은 참 쉽다. 카카오톡, 구글 등의 계정으로 빠르게 가입 가능하다. (그림1, 2)

많은 가입 수단 중에, 한 가지만 추천하자면 구글 메일로 가입하는 것을 추천한다. 비즈니스 계정은 나 뿐만 아니고 보통 같이 일하는 사람들과 공유를 많이 하기도 하고, 계정이 팔로워가 많아지고 커지면 언젠간 다른 사람과 공유해야 할 일들이 생길 수 있기 때문에 메일로 가입하는 것이 편하다.

〈그림1〉 틱톡 가입화면 계정은 연동하여 쉽게 가입
가능함

〈그림2〉 가입하기 다음 관심사 선택화면 관심 있는
분야를 선택하면 됨

프로필 세팅도 어렵지 않다.

프로필 화면에서 프로필 편집을 누르면 닉네임과 틱톡ID를 바꿀 수
있다. 또 내 프로필에 보여주는 자기소개글을 작성하고 인스타그램, 유
튜브, 트위터 계정 링크를 걸어 둘 수 있다. 틱톡의 팔로워들을 타SNS
로 유입시킬 수도 있기 때문에 아주 좋은 기능이다. (그림3, 4)

〈그림3〉 내 프로필 화면

〈그림4〉 프로필 편집화면

2-5

틱톡 내 시스템
구성 요소

틱톡 내 시스템 구성 요소는 전혀 어렵지 않다.

틱톡에 들어가면 가장 먼저 나오는 화면이 추천피드 화면이다. 여기선 내가 팔로잉하고 있는 사람들의 영상들을 볼 수 있고, 또 하나는 랜덤으로 추천에 올라오는 영상들을 볼 수 있다. (그림1) 재미있는 영상을 보고 그 영상 주인의 채널로 가고 싶다면 영상에서 동그란 프로필 사진을 누르거나, 왼쪽으로 스와이프하면 된다.

〈그림1〉 추천피드 화면

검색&챌린지 화면에서는 말 그대로 내가 원하는 키워드로 검색을 할수 있으며, 검색 시 관련 동영상, 사용자, 해시태그 등의 결과가 나온다. 검색창 밑에 메인 배너처럼 걸려 있는 것이 현재 틱톡에서 진행하고 있는 메인 챌린지이다. 그 밑에는 챌린지를 하나씩 나열하여 참여 영상들이 보이게 된다. (그림2)

〈그림2〉 추천피드 화면

〈그림3〉 검색&챌린지 화면

촬영과 편집까지 할 수 있는 업로드 화면은 '3-2 틱톡의 모든 기능'에
서 보다 자세히 다룬다.

〈그림4〉 추천피드 화면

〈그림5〉 업로드 화면

알림 화면은 내 영상의 좋아요, 댓글과 새로운 팔로워, 메시지 등을
확인할 수 있다. '모든 활동'을 클릭하면 항목에 대한 알림을 각각 볼 수
있다.

〈그림6〉 추천피드 화면

〈그림7〉 알림 화면

클릭 ⬇

〈그림8〉 알림상세 화면

마지막으로 프로필 화면에서는 앞서 얘기한 대로 프로필 편집을 통해 닉네임, ID, 자기소개글을 수정할 수 있으며 타 SNS계정도 걸어둘 수 있다. 하단에는 업로드한 영상들이 보여지며, 인스타그램의 프로필 화면과 비슷하다고 생각하면 된다. (그림9, 10)

<그림9> 추천피드 화면

<그림10> 띠동갑형 프로필

틱톡 내에서 다양한 활동을 통해 캐시를 받을 수 있다. 친구 초대, 이벤트 참여 등으로 받은 캐시는 출금하기를 통해 현금화할 수 있다. 틱톡 코인은 설정 및 개인 정보의 잔액에서 충전할 수 있는데 프로필 화면의 코인 아이콘을 클릭하여 보이는 코인과는 연동되지 않는다. (그림 11, 12, 13)

〈그림11〉 캐시 버튼 　　　　〈그림12〉 친구초대 캐시 　　　　〈그림13〉 출금 세팅하기

2-6

틱톡 브랜딩 사례
(기업, 관공서, 연예인, 인플루언서)

현재 수많은 기업들이 틱톡으로 들어오고 있다.

기업은 주로 브랜드 계정을 만들고 챌린지를 열어 해당 기업의 브랜드와 제품들을 알린다. 누구나 알고 있는 애플, 나이키와 구찌, 발렌시아가와 같은 명품 기업들도 있고 배틀그라운드 게임으로 유명한 펍지, 농심, 삼성 등 국내 유명한 기업들도 틱톡 계정을 만들어 마케팅에 집중하고 있다. (그림1, 2, 3)

최근에 삼성에서는 이날치 밴드와 협업하여 갤럭시Z플립 챌린지를 열어 큰 호응을 이끌어냈으며, 핫식스는 이영지 랩퍼를 대표 모델로 하여 재밌는 댄스를 만들어 핫식스 챌린지를 열기도 했다. 또한 매년 열리는 맥도날드의 빅맥송 챌린지는 2020년엔 틱톡에서도 동시에 열려서 많은 사람들이 기막힌 아이디어로 참가했다. (그림4, 5)

〈그림1〉 구찌

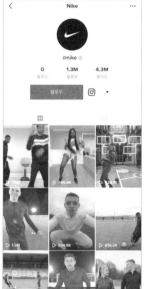

〈그림2〉 나이키

〈그림3〉 삼성

〈그림4〉 갤럭시Z플립 챌린지

〈그림5〉 핫식스 챌린지

대한민국 관공서들도 틱톡에 계정이 있다.

소방청, 경찰청 공식 틱톡 계정뿐 아니라 청와대까지 계정이 있다. 틱톡 라이브를 통해 문재인 대통령도 2020.10.28(수) 오전 10시 '2021년도 예산안 시정'에 대한 연설과 2021.01.11(월) 오전 10시 '새해 신년사'를 하였다. 한 나라의 대통령의 라이브를 틱톡을 통해 실시간으로 볼 수 있다는 것 자체만으로도 틱톡의 영향력은 엄청나다고 볼 수 있다.

<그림6> 청와대 계정 '청틱톡'

<그림7> 문재인 대통령 신년사

〈그림8〉 소방청 계정   〈그림9〉 경찰청 계정

　　연예인들과 인플루언서들 역시 틱톡으로 마케팅을 똑똑히 하고 있
다. 지코의 2020년 상반기 아무 노래 챌린지는 세계적으로 엄청난 이슈
가 되어 국민송이 되었다. 지석진과 이시영은 틱톡으로 재치있고 센스
넘치는 영상을 만들어 큰 이슈가 되고 있으며 10대들에게 많은 사랑을
받고 있다. 슈퍼주니어 출신 신동과 래퍼 이영지도 틱톡에서 큰 인기를
끌고 있다. 세계적인 영화배우 윌 스미스도 틱톡에서 재밌는 콘텐츠와
재치있는 편집 영상으로 4,400만 팔로워를 보유하고 있다. 연예인들도
본인들의 신곡, 작품, 제품 등 챌린지나 영상을 통해 마케팅으로 이용하
고 있다.

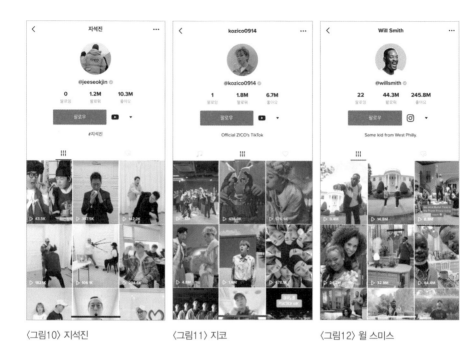

〈그림10〉 지석진　　　　　　〈그림11〉 지코　　　　　　〈그림12〉 윌 스미스

　　아이키, 더블비, 도나 등 유튜브와 인스타그램과 같은 타 SNS플랫폼
에서 영향력 있는 인플루언서들도 틱톡에서 꾸준히 활동하고 있다. 틱
톡은 MZ세대들이 메인 연령층이기 때문에, 잠재력이 어마무시한 10대
들의 시장을 잡고 틱톡 내 광고와 챌린지들을 통해 틱톡에서도 그들을
더욱 알리고 있다.

〈그림13〉 더블비 '틱톡' 채널

〈그림14〉 더블비 '유튜브' 채널

2-7

틱톡
공식 계정들

　　틱톡, 유튜브, 인스타그램, 페이스북 등 여러 SNS에 틱톡 공식 계정들이 있다. 틱톡 글로벌 계정과 틱톡 코리아 계정, 그리고 틱톡의 최신 유행을 한눈에 볼 수 있는 틱톡 트렌드 계정 등 다양한 틱톡 계정들이 있다. 이러한 계정들을 살펴보면 인기를 얻고 있는 콘텐츠를 확인할 수 있다. 전략적으로 접근한다면 공식 계정들을 참고하여 틱톡에서 관심을 가지고 있는 콘텐츠에 대한 분석도 할 수 있다. 틱톡뿐만 아니라 유튜브, 인스타그램, 페이스북 등 대부분의 SNS에 틱톡 공식 계정이 있다.

〈그림1〉 틱톡 내 틱톡글로벌 계정

〈그림2〉 틱톡 내 틱톡코리아 계정

〈그림3〉 유튜브 내 틱톡 계정

〈그림4〉 유튜브 내 틱톡 인기영상 계정

〈그림5〉 인스타 내 틱톡글로벌 계정

〈그림6〉 인스타 내 틱톡코리아 계정

〈그림7〉 인스타 내 틱톡트렌드 계정

〈그림8〉 페이스북 내 틱톡 계정

part

3

틱톡
팔로워 늘리는
모든 방법

3-1

틱톡 시작 전 무조건
알아야 할 필수항목들

시간이 지날수록 SNS 플랫폼에서 살아남기는 더욱 힘들어질 수 있다. 점점 더 많은 이용자들과 크리에이터, 기업들이 들어오고 있기 때문에 틱톡 시장도 머지않아 레드오션이 될 가능성이 높다. 이러한 치열한 SNS 경쟁 속에서 살아남기 위한 필수사항들 몇 가지가 있다. 편집도 할 줄 모르고, 아무것도 준비된 게 없던 띠동갑형 혼자서 틱톡과 유튜브를 시작하고 꾸준히 하면서 배운 것들이 있다. 많은 시간과 노력으로 경험해본 사람만이 알 수 있는 중요한 내용이다. 이 책을 보는 여러분들은 시간과 수고를 단축시켜 최대한 빨리 성장할 수 있길 바란다. 3개월 안에 팔로워 10만 명, 100만 명 만드는 방법, 그렇게 대단한 것이 아니다. 집중해서 보길 바란다.

1) 장비의 중요성(?)

생각보다 많은 사람들이 동영상 플랫폼을 시작하기 앞서서 갑자기 비싼 장비들을 사들인다. 음…… 비유를 하자면 운동하려고 피트니스 센터의 연간 회원권을 끊고 신상 운동복과 운동화 등을 사는 것과 비슷하달까?

필자뿐만 아니고 아마 대부분의 크리에이터 분들도 같은 생각일 거라고 본다. 비싼 금액의 장비들을 구입하고 처음엔 열정있게 찍다가 대부분 나중엔 방 한구석에 처박혀 있거나 중고로 새로운 주인에게 가기 일쑤이다. 장비는 지금 여러분들의 손에 있는 휴대폰 하나만으로도 충분하다. 필자 또한 150만 명의 팔로워가 있다고 해서 값비싼 장비를 사용하지 않는다. 기존 휴대폰(노트10), 1~2만 원대 핀마이크, 2만 원대 셀카봉삼각대와 링라이트조명 정도이다. 장비가 좋아서 나쁠 건 없지만 필수조건은 아니다. 특히 틱톡은 숏플랫폼이기 때문에, 장비의 퀄리티보단 나만의 개성있는 콘텐츠를 다루는 영상 내용이 훨씬 중요하다. 밑에는 실제로 필자가 사용하는 장비들이다. 진짜 특별한 거 없다.

핀마이크-잡음이 좀 들어가지만 가성비 하나는 최고이다. 보다 선명한 음성 전달을 위해 투자하면 아깝지 않은 장비이다. 1~2만 원선으로 그 이상의 값어치를 한다. 'YS-PM500 듀얼핀마이크'는 마이크 헤드가 2개여서 먹방용으로 사용하면 좋다. 하나는 음식 쪽에 두고 하나는 입 쪽에 두어 먹는 소리와 음식을 젓고 집는 소리 둘 다 잘 담을 수 있다. 보야 BY-M1 핀마이크는 헤드가 하나인 마이크이고 큰 단점 없이 잘 쓸 수 있다. 이 가격대 최고의 핀마이크라고 생각한다. (그림1, 2)

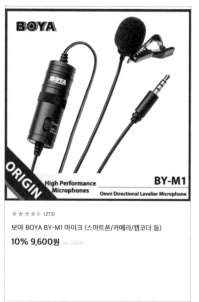

〈그림1〉 BOYA BY-M1 핀마이크　　　　〈그림2〉 YS-PM500핀마이크

　　셀카봉삼각대-어떤 콘텐츠를
촬영하느냐에 따라 다르겠지만,
띠동갑형 같은 경우는 앉아서 책
상에 두고 촬영을 하기 때문에 삼
각대가 너무 크거나 높을 필요가
없다. 가끔 셀카봉으로 촬영을
해야 하는 일도 있어서 두 가지
기능을 탑재한 '셀카봉삼각대'를
사용한다. (그림3)

〈그림3〉 슈피겐 셀카봉삼각대

링라이트 조명-조명을 사용하면 방송화면이 화사해지는 효과가 있다. 밝기와 색감에 따라 영상의 분위기가 완전히 달라지기 때문에, 조명은 꼭 두고 촬영하길 추천한다. 틱톡에선 조명을 활용한 콘텐츠들도 많이 있으며, 일반적으로 조명은 인물이나 물건, 음식 등을 더 이쁘고 먹음직스럽게 만들어준다. 실제로 필자는 먹방을 할 때, 얼굴보단 음식에 조명을 비추어 더 맛깔나 보이도록 세팅을 한다. 띠동갑형이 쓰는 스마토이 링조명은 2만 원대에

〈그림4〉 스마토이 링조명

조명인데도 불구하고, 3단계 밝기 조절과 3종류의 라이트색상을 사용할 수 있고 USB연결식 전원으로 되어 간편하게 사용할 수 있다. (그림4)

2) 콘텐츠와 이미지 마케팅

내 영상의 콘텐츠는 정말 중요하다. 하늘 아래 새로운 콘텐츠는 없다는 말이 있을 정도로 요즘은 콘텐츠 과부하 시대이다.

하지만 재밌는 점은 그럼에도 불구하고 새로운 콘텐츠가 또 나온다. 기존에 콘텐츠들을 나만의 아이디어로 탈바꿈하여 나만의 획기적인 콘텐츠를 만들어 내야 한다. 만약 등장하는 인물, 소재 등 그 자체가 콘텐

츠가 된다면 틱톡의 트렌드에 맞게 그때그때 유행하는 영상들로 콘텐츠를 삼아도 무관하다. (그림5)

〈그림5〉 틱톡 '더뉴그레이' 채널
실제 시니어 모델 분들이 출연하여 그분들 자체가
콘텐츠가 된 사례.
틱톡 트렌드에 맞는 영상들을 주제로 3개월 만에
팔로워 13만 명을 만들어 낸 채널.

어느 쪽이든 나만의 색깔을 가진 콘텐츠를 만들어 내야 한다. 또한 콘텐츠는 세부적으로 쪼개야 한다. 예를 들어 먹방이면 ASMR인지, 음식리뷰인지, 집에서 먹는 리뷰인지, 음식점을 찾아다니는 리뷰인지 등 여러 가지로 나눌 수 있고 그중에서 음식점 리뷰를 하는 콘텐츠라면 뷔페, 일본식 오마카세, 가성비식당, 떡볶이집 등 음식점 중에서도 한번 더 세부적으로 방향을 잡고 콘텐츠를 잡는 게 좋다. 이렇게 세분화하여 콘텐츠를 정했다면 그 콘텐츠로만 쭈욱 밀고 나가야 한다. 그 플랫폼에서 자리 잡기 전까진 내 채널이 뭘 하는 채널인지, 어떤 채널인지 사람들에게 확실히 심어줘야 한다. 그러기 위해선 하나의 콘텐츠만 꾸준하게 보여주어 해당 플랫폼에서 하나의 고유명사로 자리 잡아야 한다.

예를 들면 '틱톡에서 A하면 누구, B하면 누구' ⇨ 이 '누구'에서 내 이름이 나올 수 있도록 콘텐츠 A나 B를 정했으면 꾸준하게 그 콘텐츠만 밀고 나가야 한다. 물론 시간이 지나면서 피드백을 통해 더욱 영상이 좋아져야 한다. 추가로 내가 좋아하고 관심있는 콘텐츠여야 한다.

나는 먹는 걸 좋아해서 먹방 크리에이터로 시작을 했지만 뷰티를 선택했다면 한 달도 못했을지도 모른다. 내가 좋아하고 관심이 있어야 질리지 않고 롱런할 수 있다. 잘하는 것과 좋아하는 것은 명확히 다르다. 둘 다 해당되면 베스트겠지만 둘 중 하나를 선택하라고 한다면 좋아하는 것을 선택하여 콘텐츠를 정하는 게 좋다.

SNS플랫폼 운영이 귀찮아지고 하기 싫어지면 꾸준하기 어렵고 그럼 결코 성공하지 못한다. 내 이미지 마케팅도 중요하다. 영상과 영상의 글, 사람들과 소통할 수 있는 댓글, 프로필 자기소개란 등 내 채널의 이미지를 표현할 곳은 많다. 어떠한 말투와 문법으로 표현하는지에 따라 사람들에게 나의 이미지가 심어진다.

띠동갑형 콘텐츠는 먹방과 리뷰가 메인이지만 이미지는 친근한 동네 형이다. 실제로 딱 그런 이미지기 때문에, 있는 그대로 내 자신을 보여주고 싶어서 그렇게 마케팅을 했다. 이미지 마케팅도 나와 너무 다르게 설정하는 것보다 나라는 사람을 어느 정도는 살려두는 걸 추천한다. 그래야 영상도 더 재밌고 자연스럽게 나올 수 있기 때문이다.

띠동갑형은 편집을 0.1도 할 줄 몰랐다. 지금도 물론 잘하지 못한다. 전문 편집 프로그램인 프리미어프로를 다룰 줄도 모른다. (자랑은 아니다……) 현재 띠동갑형의 틱톡 영상의 편집은 99% 휴대폰 편집 어플로 이루어져 있다. 요즘 시대가 너무 좋아져서 어플만으로도 충분히 좋은 퀄리티의 영상들을 만들어 낼 수 있다. 편집을 1도 할 줄 모른다고 해서 지레 겁먹을 필요 없다. 어플도 어렵다면 틱톡 자체에 편집기능이 있기 때문에 더욱 쉽게 편집을 할 수 있다. 어떤 사람들은 시작과 동시에 외부 편집자에게 돈을 주고 편집을 맡긴다. 절대 반대다. 본인이 스스로 해봐야 한다. 세 가지 이유가 있다.

첫 번째로 돈이 든다. 돈만 보고 시작하게 되면 롱런하기 쉽지 않다. 근데 내 돈까지 써가면서 채널을 운영한다? 피 같은 돈 주고 편집했는데 수익 안 나면? 더 초조해지고 신경 쓰이고 스트레스받고 열받는다. 내 돈까지 투자를 했는데 1년, 2년 수익도 없고 반응도 안 좋으면 멘탈 관리가 되겠는가? 또한 틱톡은 숏플랫폼이기 때문에, 편집이 너무 어렵거나 돈이 들 필요가 없다. 편집에 최대한 시간을 쓰지 않는 걸 추천한다.

두 번째로 영상 편집을 본인이 직접 해야 단점과 장점들이 보인다.

내가 이 부분에서는 표정을 어떻게 지었고, 어떤 리액션을 했고, 어떤 말을 했는지 등등 세세한 부분까지 모두 알 수 있다. 그래야 다음 영상에서는 단점들은 보완하고 장점들은 더 살려서 질 좋은 영상을 만들어 낼 수 있다. (스스로 피드백을 할 수 있다.)

세 번째로 본인이 원하는 영상을 만들 수 있다. 아무리 유능한 편집자가 내 영상을 편집해 주더라도, 그 편집자의 방식대로 하는 편집이기 때문에 내가 원하는 편집의 영상이 나오기 힘들다.

띠동갑형의 편집어플

〈그림6〉 캡컷 동영상 편집어플
캡컷은 틱톡에 최적화되어 나온 편집어플이며 그만큼 많은 효과들이 있고 편집하기에 편리하게
구성되어 있다.

4) 메모 습관

팔로워가 0일 때부터 150만 현재까지 혼자 틱톡 '띠동갑형' 채널을 운영하고 있다.

초반엔 채널을 키워야 해서 힘들고, 팔로워가 많아진 현재는 트렌드에 맞춰 계속 새로운 모습을 사람들에게 보여줘야 하고 팬들 관리, 악플

관리, 새로운 콘텐츠 기획 등 신경 쓸 것들이 정말 많다. 이 많은 내용들을 혼자 하기엔 상당히 벅차다. 그래서 생각해낸 것이 바로 '메모습관 기르기'이다. 틱톡 관련된 모든 아이디어를 눈에 보이는 모든 종이에 메모를 하고 종이와 펜이 없을 땐 스마트폰 메모장에 메모를 했다. (그림6, 7)

<그림7-1> 띠동갑형 실제 메모

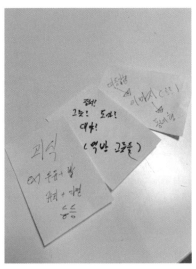

<그림7-2> 띠동갑형 실제 메모

펜과 그리 친하지 않은 띠동갑형이 어떻게 '메모습관'을 들였을까?

특별한 것은 없다. 집안 곳곳(화장실, 책상위, 컴퓨터옆, 침대머리맡 등)에 포스트잇과 볼펜을 놓고 생각날 때 바로 메모를 할 수 있게 집 환경을 변화시켰다. 나중엔 포스트잇뿐만 아니라 눈에 보이는 종이에는 거의 다 메모했던 것 같다. 종이가 없는 외부에서 아이디어가 떠오르면 아무리 귀찮은 상황이더라도 무조건 스마트폰 메모장에 메모를 했다. 메모할 때는 핵심 키워드(단어)로 짧게 메모를 했다. 길어지면 또 하기 싫어지니까.

그렇게 메모한 것들을 한곳에 정리해 두고, 새로운 아이디어가 필요할 때 보면 메모한 곳에서 하나의 좋은 콘텐츠가 나오는 경우들도 있다. 띠동갑형은 먹방 음식 재료, 정색 챌린지 소품 재료 등 메모를 통해 많은 아이디어를 얻었다. 혼자 채널을 운영하는 사람들에게 이러한 메모습관을 들이길 추천한다.

5) 꾸준함

꾸준함이 가장 중요한 항목이다. 스마트폰으로만 촬영하고 콘텐츠 확실하고 내 이미지 마케팅 확실하고 내가 직접 편집하고 돈만 보고 하지 않아도 꾸준하지 않으면 끝이다.

수많은 사람들에게 틱톡 강의를 진행했었는데 10명이라도 잡으면 그중 실제로 행동으로 옮겨 꾸준히 하는 사람은 1명꼴이다. 영상 업로드는 꾸준하게 정해진 대로 해야 한다. 예를 들어 일주일에 두 번 화, 목 업로드하기로 했으면 그렇게 해야 한다. 내 채널을 봐주는 팔로워 분들과의 약속이다. 처음에 팔로워가 없다면 나 자신과의 약속인 것이다. 무조건 지켜야 한다.

지인들도 처음에 필자가 시작했을 땐, 꾸준히 해서 100만 명 이상의 인플루언서가 될 거라곤 생각을 못했다. 필자가 어느 정도 팔로워가 늘어나고 꾸준히 하는 모습을 보여주니 주변에서도 관심을 가지고 많이 물어본다. 성심성의껏 내가 아는 모든 것들을 알려줘도 그때만 아~하고 대부분이 시작도 안 한다. 시작하더라도 영상 몇 개 올리고 그만두기 일쑤다. 실제로 이렇게 많은 사람들이 쉽게 생각하고 시작했다가 금방 그

만든다.

SNS뿐만 아니고 인생을 살다 보면, 참 무엇이든 꾸준한 게 어렵다는 건 다들 안다. 띠동갑형도 3년째 다이어트를 하고 있기 때문에 잘 알고 있다. 하지만 SNS는 절대 만만하지 않다. 유튜브, 틱톡, 인스타그램 모두 꾸준하지 못하면 절대 성공할 수 없다. 꾸준함이 가장 중요한 요소이다.

6) 벤치마킹

큰 틀의 콘텐츠를 결정했다면 그 SNS플랫폼에서 먼저 그 콘텐츠로 하고 있는 사람들을 알아본다. 알아보는 방법은 검색란에 원하는 키워드를 검색해도 되고, 챌린지 화면에 매주 공개되는 '틱톡커 차트'를 보고 각 콘텐츠 분야에 맞는 크리에이터를 검색해도 된다. (그림8, 9)

자신에게 맞는 방법으로 알아보길 바란다.

4~5명 정도 알아본 후, 그들은 하나의 같은 콘텐츠로 어떤 특징과 장점이 있는지 영상을 만들어 그들만의 색깔을 입혔는지 분석한다. 분석할 때, 영상 몇 번 보고 끝이 아니다. 해당 채널의 영상을 절반 이상 보고, 각 채널의 특징들을 다 메모해 놓는다. 그 후 콘텐츠를 세분화하고 내가 정한 콘텐츠를 분석한 사람들의 특징과 장점 중에서 1~2명의 특징과 장점을 선택하여 거기에 내 특징과 장점을 입혀 나만의 독보적인 콘텐츠를 만드는 작업이 벤치마킹이라고 생각한다.

〈그림8〉 챌린지 화면의 '틱톡커차트'   〈그림9〉 '틱톡커차트' 내 콘텐츠별 카테고리

7) 타겟팅

　2020년 코로나로 인해 동영상 플랫폼의 시청시간은 더욱더 늘어났으며 갈수록 틱톡의 연령층도 다양해지고 있다. 틱톡을 보는 사람도, 하는 사람도 50, 60대 이상 분들도 계신다. 하지만 결국 틱톡은 MZ세대가 메인 연령층이다.

　어떤 콘텐츠를 하던 MZ세대는 무조건 잡아야 한다. 틱톡에서 MZ세대를 버리고 가겠다는 생각은 전쟁에서 무기를 버리겠다는 것과 같다. 내 콘텐츠가 MZ세대의 흥미를 끌기 어려울 것 같다면 편집으로 재밌게 살리든, 내가 영상에 출연하여 재밌게 살리든 어떤 방법이 있을지 곰곰이 생각해 봐야 한다. 위에서 설명한 벤치마킹을 잘 이용하면 보다 쉽게 그 고민이 해결될 수 있다.

띠동갑형이 최근에 틱톡을 보며 놀랐던 콘텐츠가 두 가지 있다. 바로 주식과 보험이다. 주식전문가와 보험전문가들도 틱톡에서 계정을 만들어 활발하게 활동 중이다. 팔로워도 몇천 명, 몇만 명씩 보유하고 있고 영상의 조회수와 댓글도 잘 달리는 편이다. 실제로 많은 사람들이 댓글로 주식이나 보험관련 질문과 상담요청도 많이 하면서 전문가들과 소통도 하고 있었다. 주식과 보험…… 전혀 10대와는 맞지 않을 콘텐츠 아닌가? 하지만 이들은 재미있는 말솜씨와 스피드한 내용, 전문적 내용을 잘 버무려서 이들만의 콘텐츠로 틱톡에서 활동하고 있다. 10대라고 해서 무조건 장난감, 게임 콘텐츠만 보는 것이 아니다. 또한 틱톡엔 10대만 있는 것도 아니다. 한마디로 틱톡엔 다양한 연령층이 존재하지만 그중 MZ세대까지 같이 아우르서 채널운영을 해야 한다는 말이다.

틱톡의
모든 기능

라이브 기능

라이브는 중국 틱톡 더우인에는 기존에 있던 기능이지만 한국에선 2020년부터 오픈된 기능 중 하나이다. 하지만 아직까진 모든 크리에이터에게 오픈되진 않았고, 틱톡 내부기준에 맞추어 일정 팔로우 이상을 보유한 크리에이터에게 라이브 기능이 부여된다. (그림1) 실시간 라이브 방송은 시청자들과 소통할 수 있으며 새로운 팔로워를 만들어 낼 수 있는 좋은 기능이다. 라이브방송을 하는 동안 방송이 추천에 뜰 가능성이 높기 때문에 많은 사람들이 유입될 수 있다.

또한 라이브방송 시 다른 호스트들을 초대하여 같이 공동 방송을 진행하여 팬들에게 더 재미와 만족을 줄 수 있다. (그림1-1) 중국에서는 라이브 기능을 통해 크리에이터들이 직접 물건을 판매하는 기능이 있는

데, 이 라이브커머스 기능도 2021년 한국에 도입이 될 것이라는 전망이 나오고 있다. 2020년 코로나로 인해, 오프라인 거래가 뜸해지면서 대한 민국에서도 라이브커머스 시장이 더욱 커졌는데 틱톡의 라이브커머스 기능이 오픈된다면 틱톡의 파급력 역시 더욱 커질 것 같다.

〈그림1〉 라이브 화면

〈그림1-1〉 호스트 초대 후 합방 화면

〈그림1-2〉 라이브 기프팅 기능 가이드

- 만 19세 이상의 이용자만이 코인 또는 기프트 구입,
  다른 이용자에게 기프트 전송, 금전적 가치가 있는
  기프트 획득, 다이아몬드 획득 및 인출이 가능합니다.
- **틱톡 가상 아이템 정책 확인**
- 시청자로부터 기프트를 받고 싶지 않다면
  설정 페이지에 기프트를 받지 못하도록 설정 가능합니다.
- 현재 코인 구매는 APPLE PAY/ GOOGLE PAY를 통해
  결제만 진행 가능합니다. 결제 시스템에 따라
  코인 구매 금액이 다를 수 있습니다.
- 충전과 기프팅 한도는 일일 인당 USD 850입니다.
- 잔액 인출은 PAYPAL을 통해 인출만 진행 가능합니다.
- 라이브 중에 커뮤니티 가이드라인을 위반하지 않도록
  주의하시기 바랍니다.

〈그림1-3〉 라이브 기프팅 기능 가이드

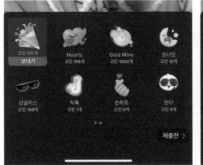

〈그림1-4〉 라이브 기프트 목록들

〈그림1-5〉 라이브 선물 보낼 때 현금 충전금액

틱톡의 큰 장점으로 꼽히는 기능 중 하나이다.

듀엣을 통해 기존 콘텐츠가 새로운 콘텐츠로 재탄생하는 경우도 많다. 혼자 노래 부르는 영상을 듀엣하여 화음을 넣어 새로운 영상으로 만들 수도 있고, 개그맨 지석진님이 자주 하시듯 익살스럽고 재밌게 표현할 수도 있다.

듀엣하는 방법은, 내가 듀엣하고자 하는 영상에서 오른쪽 하단에 화살표를 누르면 듀엣창이 나오는데 클릭하면 바로 사용할 수 있다. (그림 2, 3, 4) 하지만 동영상 주인이 업로드 시 듀엣기능 사용 못하도록 막으면 그 동영상은 듀엣 기능을 사용할 수 없다.(그림5)

〈그림2〉 듀엣 화면

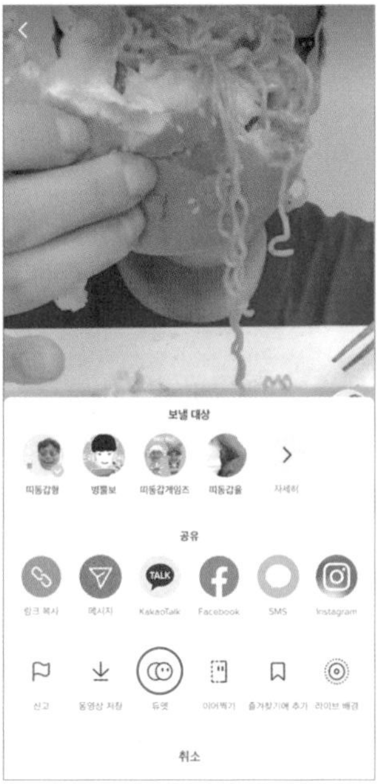

〈그림3〉 듀엣하는 방법1
오른쪽 하단에 화살표를 클릭한다.

〈그림4〉 듀엣하는 방법2
듀엣을 클릭한다.

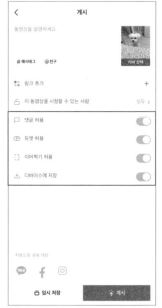

〈그림5〉 듀엣, 댓글, 이어찍기, 저장
막아둘 수 있는 화면
업로드 시, 저렇게 다른 사용자가 내
영상을 사용하지 못하도록 설정할 수
있다.

듀엣은 레이아웃을 여러 가지로 변경할 수 있는데, 좌우/그린스크린/리액트/2분할/3분할 총 5가지 기능을 사용할 수 있다. 좌우는 가장 기본적인 레이아웃이고, 나머지는 내 영상 콘셉트에 맞게 잘 활용하면 된다. (그림 5-1~6)

〈그림5-1〉 듀엣 레이아웃 화면

〈그림5-2〉 듀엣 좌우

〈그림5-3〉 듀엣 그린스크린

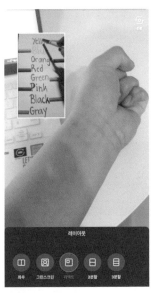

〈그림5-4〉 듀엣 리액트

〈그림5-5〉 듀엣 세로 2분할

〈그림5-6〉 듀엣 세로 3분할

원하는 영상과 이어찍기를 하게 되면, 그 영상 중 최대 5초 길이의 영상만 선택하여 사용을 할 수 있으며 내가 선택한 5초 영상이 나오고 난 뒤, 내 영상을 찍을 수 있는 기능이다.

이 기능으로 크리에이터들의 기발한 아이디어를 통해 새로운 영상들로 재탄생할 수 있다. 듀엣과 마찬가지로 동영상 주인이 업로드 시 이어찍기 기능 사용 못하도록 막아서 올리면 그 동영상은 이어찍기 기능을 사용할 수 없으며 하는 방법은 듀엣과 같다.

〈그림6〉 이어찍기
이어찍기할 영상에서 5초 구간을 고르는
화면이다.

동영상 저장 기능

틱톡에서 원하는 영상을 저장할 수 있다. 저장하게 되면 핸드폰 사진첩에 바로 저장되고, 틱톡 워터마크가 생긴다. 동영상 주인이 업로드 시 저장기능 사용 못하도록 막아서 올리면 그 동영상은 저장 기능을 사용할 수 없다. 그림7 역시 하는 방법은 듀엣과 같다.

〈그림7〉 저장하는 곳

다이렉트 메시지 기능

다이렉트 메시지(Direct Message : DM)는 1:1로 대화하는 기능이다. 청소년 보호 목적으로 다이렉트 메시지는 16세 이상의 유저만 사용할 수 있다. 틱톡에서 서로 팔로잉을 한 사람 사이에는 자유롭게 보낼 수 있으나 팔로우하지 않으면 최대 3개의 메시지를 보내는 것만 가능하다.

〈그림8〉 메시지 보내는 방법1
메시지를 보내려는 사람의 프로필에서
오른쪽 점 3개 누른다.

〈그림9〉 메시지 보내는 방법2
메시지 보내기를 누른다.

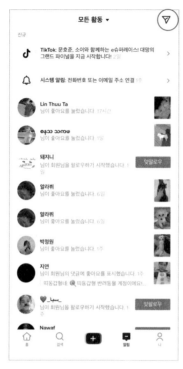

〈그림10〉 수신메시지 확인하는 방법1
알림화면에서 오른쪽 상단에 종이비행기를
클릭한다.

〈그림11〉 수신메시지 확인하는 방법2

인스타, 유튜브, 트위터 링크 걸어두는 기능

내 프로필에서 프로필 편집을 누르면, 인스타그램/트위터/유튜브 링크를 걸어둘 수 있다. 이 기능을 통해 팔로워들에게 나의 다른 SNS들도 자동으로 홍보 가능하다.

〈그림12〉 프로필 편집 화면

〈그림13〉 링크 적용 후 보이는 화면 저장 후 프로필에서 링크를 클릭하면 보이는 모습

임시 저장 기능

동영상을 미리 찍어둔 후 내용까지 적어서 임시 저장을 해둘 수 있다.

띠동갑형은 임시 저장을 아주 유용하게 활용하고 있다. 틱톡은 영상 길이가 15초~60초로 짧은데, 그 짧은 영상을 찍기 위해 매일같이 준비하고 촬영하는 게 부담이 되고 귀찮을 때가 있다. 그래서 하루 날을 잡고 일주일치의 영상을 찍고 편집까지 다 한 후에, 임시 저장까지 해버리면 앞으로 일주일 동안은 영상 촬영을 하지 않아도 된다. 업로드하고자 할 때 들어가서 임시 저장되어 있는 영상을 '게시'만 눌러주면 된다.

그림14, 15 이것이 임시 저장을 활용하여 꾸준하게 영상 업로드할 수 있는 띠동갑형만의 꿀팁이다.

〈그림14〉 임시 저장된 화면
왼쪽 하단영상에 임시 저장이라고 되어 있다.

〈그림15〉 임시 저장하는 법
영상 게시할 때, 게시 옆에 임시 저장이 있다.

3-3

촬영 방법

촬영 기법(앱 내 효과, 필터, 타이머 기타 등등)

틱톡의 큰 장점 중 하나는 단순히 영상을 보기만 하는 게 아니고 앱 내에서 촬영과 편집까지 가능한 점이다. 그림1은 촬영&업로드 화면인데 제일 하단에 60초 모드와 15초 모드가 있다. 말 그대로 15초는 15초 영상까지만 촬영할 수 있고 60초는 60초까지 촬영할 수 있다. 나는 보통 최대 길이인 60초로 해두고 원하는 길이에 맞춰 촬영을 하고 있다.

MV모드는, 각각의 효과에 맞춰 사진들을 넣으면 자동으로 해당 카테고리에 맞게 영상을 만들어준다. 영상으로 만들어준다는 점이 편리하긴 하나, 챌린지나 최신 트렌드 영상에 맞는 카테고리들이 별로 없어서 자주 이용하진 않는다.

〈그림1〉 촬영&업로드 화면   〈그림2〉 mv화면1   〈그림3〉 mv화면2

라이브 모드는 아직 모든 이들에게 오픈되어 있진 않고 팔로워 1,000명 넘는 크리에이터들 중 틱톡에서 임의로 지정하여 권한을 부여한다. 말 그대로 실시간 생방송을 할 수 있는 곳이다. '3-2 틱톡의 모든 기능'에 자세히 설명되어 있다.

편집효과는 여러 가지 스티커 효과를 줄 수 있는 곳이다.

스티커를 통해 역동적인 효과와 재미있는 효과들까지 다양한 종류의 효과들을 볼 수 있다. 대부분 챌린지에 참여할 때, 스티커 효과를 사용해야 하는 챌린지들이 대부분이다. 그만큼 편집효과는 틱톡에서 중요한 부분이다. (그림4)

〈그림4〉 편집효과   〈그림5〉 타이머 설정화면   〈그림5-1〉 업로드, 촬영버튼

오른쪽 상단엔 전면, 후면 카메라 전환과 영상에 배속 조절을 할 수 있는 기능, 여러 배경색을 입힐 수 있는 필터와 얼굴이 이뻐지는 뷰티 기능이 있다. 일정 시간 뒤 촬영되는 타이머 기능은 3초와 10초 두 가지로 설정 가능하다. 기존에 영상을 가져오려면 업로드를 눌러주면 되고 가운데 동그란 버튼은 촬영 버튼이다. (그림5, 5-1)

사운드는 틱톡 내에 있는 음원 중 원하는 음원을 선택하여 내 영상에 입힐 수 있다.

틱톡 내 모든 사운드를 자유롭게 사용할 수 있는 것이 장점이다. 원하는 음원을 선택 후 '트리밍'기능을 통해 음원의 시작 부분을 정할 수 있어 이용자들이 더 편리하게 사용할 수 있다.

단, 음원을 중간중간 잘라서 붙일 순 없다. 예를 들면 하나의 음원에

서 '5초~10초' 부분과 '20초~25초' 부분을 각각 잘라서 붙여 쓸 순 없다는 말이다. 사용하고자 하는 음원을 3초 때부터 사용하고 싶다면 3초부터 쭉 사용해야 한다.

또한 업로드 시 영상의 소리와 음원 소리 조절이 가능하다. 먹방을 하는 경우엔 영상의 소리는 최대한 높이고, 음원의 소리는 최대한 줄이면 잔잔하게 배경음악이 깔려 지루하지 않고 먹는 소리는 잘 들리게 된다. 이런 식으로 내 영상 콘텐츠에 맞게 음원 소리를 사용하면 된다.

〈그림6〉 사운드 화면

〈그림7〉 음원트리밍 방법1
오른쪽 중앙 '트리밍' 선택

〈그림8〉 음원 트리밍 방법2

〈그림9〉 음원볼륨 조절하는 법1
사운드에서 음원을 선택 후 오른쪽
중간에 볼륨을 클릭한다.

〈그림10〉 음원볼륨 조절하는 법2
동영상의 음원 볼륨과 입힌 음원의
볼륨을 원하는 크기로 조절할 수 있다.

3-4

편집 방법

틱톡은 촬영과 동시에 간편하게 편집이 가능하다.

하단 가운데에 동그란 부분이 촬영 버튼이며(그림1), 한번 눌러서 촬영을 시작하고 다시 누르면 멈춘다. 다음 원하는 장면에서 다시 버튼을 눌러 촬영하고 또 멈출 수 있다. 이렇게 반복하면 쓸모없는 내용은 찍을 필요가 없기 때문에 굳이 영상 중간중간 잘라낼 필요가 없으며, 촬영한 장면들만 바로 영상으로 만들어져 완성된다.

그림2는 영상 업로드 전 편집 화면이

〈그림1〉 촬영 화면

〈그림2〉편집 화면

〈그림3〉필터 화면

〈그림4〉더빙녹음 화면

〈그림5〉음성변조 화면

〈그림6〉 편집효과

다. 꽤 많은 기능들을 활용하여 간단하게 편집을 할 수 있다. 그림3은
영상에 필터를 바꿀 수 있는 화면인데, 인물/tlog/풍경/푸드/바이브 등
여러 필터를 적용하여 영상의 분위기를 조절할 수 있으며, 또한 영상에
더빙녹음도 가능하며(그림4), 원본 영상의 소리에 로봇트, 다람쥐, 확성
기 등과 같은 음성변조 효과를 주어 재밌는 영상을 만들 수 있다. (그림5)
또한 사운드를 눌러 원하는 음원을 영상에 입힐 수 있는데, 틱톡 내에 있
는 음원은 무료로 저작권 없이 이용 가능하다. 다양한 편집 효과를 주어
영상 전환 시에 좀 더 자연스럽게 연결이 되고, 전체적으로 영상의 퀄리
티를 높일 수 있다. (그림6)

그 밖에 영상에 스티커와 이모티콘을 넣을 수 있고 자막도 넣을 수 있다. (그림7, 8)

이렇듯 다양한 편집 기능들이 있기에 이용자들은 굳이 편집 어플을 따로 사용하지 않아도 된다. 틱톡 어플 하나로, 촬영과 편집까지 가능한 부분은 틱톡의 큰 장점 중 하나로 손꼽는다.

〈그림7〉 스티커효과

〈그림8〉 자막

피드&썸네일 설명

피드는 인스타그램과 마찬가지로 내 프로필에 들어가면 보이는 화면들을 말한다. 먼저 피드는 썸네일을 어떻게 정하느냐에 따라 결정되는데, 그림1에서 보면 영상을 업로드할 때, 커버선택 부분을 눌러서 썸네일을 결정할 수 있고 커버선택을 누르면 그림2와 같이 화면이 나온다.

그림2를 보면 내가 올리려는 영상에서 드래그를 하여 원하는 부분으로 썸네일 장면을 정할 수 있고, 썸네일에 바로 텍스트도 넣을 수 있다. 참고로 사람들은 썸네일의 자막만 보고도 영상의 주제를 알 수 있기 때문에 틱톡의 '교육 콘텐츠' 영상은 썸네일에 영상 주제를 자막으로 넣어주는 걸 추천한다.

틱톡 썸네일의 특징은 올리고자 하는 영상 중에서 결정을 해야 하고, 유튜브처럼 따로 썸네일 이미지만 넣거나 후에 수정할 수 없다는 점이다. 촬영할 때부터 내 영상의 어느 부분을 썸네일로 결정할 것인지 미리

〈그림1〉 썸네일 커버설정 화면 　　〈그림2〉 썸네일 정하는 화면

다 기획을 해놔야 한다.

　또한 편집까지 완성된 영상 중 어느 부분이 너무 썸네일용으로 찍은 느낌이 나는 것보단 자연스럽게 비춰져야 보는 사람들도 이질감 없이 자연스럽게 볼 수 있다. 이렇게 썸네일이 결정되면 그 썸네일이 곧 나의 피드가 되는 셈이다. 인스타그램과 마찬가지로 틱톡에서 피드는 매우 중요하다. 얼마나 중요한지 한 가지 예를 들면, 어떤 사람이 추천에 뜬 나의 영상이 흥미로워서 내 채널까지 들어온다. 그 사람은 내 채널에 들어

오면 추천에 뜬 영상의 퀄리티와 콘텐츠의 영상들을 볼 수 있겠다는 기대를 하고 내 채널로 들어와서 다른 영상들도 보려고 한다.

내 프로필로 들어오면 가장 먼저 보이는 화면이 피드이다. (그림3)

〈그림3〉 프로필 피드 화면

헌데 피드가 통일되어 있지 않고, 어떤 화면은 강아지가 있고 어떤 화면은 여행, 음식 등등 여러 가지 짬뽕이 되어 있으면 일단 보자마자 채널의 전문성이 확 떨어진다. 이 사람이 틱톡에서 뭐하는 사람인지, 어떤 콘텐츠로 자기만의 색깔을 입혀 크리에이터 활동을 하는 사람인지 알 수가 없다. (그림4) 대부분 피드가 통일되어 있지 않은 채널은 그 채널만의 명확한 색깔이나 콘텐츠가 없는 경우가 많기 때문에 사람들은 팔로우까지 잘 누르지 않고 그냥 떠나게 된다. 귀한 손님들을 그냥 놓쳐버리는 셈이다. 반대로 채널에 들어갔을 때 피드가 깔끔하게 통일되어 있으면, 전문성이 확 느껴진다. 영상을 굳이 보지 않더라도 어떤 콘텐츠를 하는 채널인지 예상이 된다. (그림5) 추천에서 먹방을 하는 영상을 보고 그 사람 채널에 들어갔는데, 피드에서부터 음식과 먹방하는 모습이 보이고 영상까지 보게 되면, 역시나 추천에서 봤던 영상과 같은 콘텐츠를 하는 채널이라면 팔로우까지 누르게 되고 정말 귀한 팬이 될 수도 있다.

〈그림4〉 피드통일×

〈그림5〉 피드통일 ○

이렇듯, 틱톡에서 피드는 내 전문성을 나타낼 수 있는 브랜딩 방법이며, 팔로워를 유입시킬 수 있는 좋은 방법이다.

해시태그

해시태그란 '#(샵 기호)와 특정 단어'를 붙여 쓴 것이다. 틱톡, 인스타그램, 트위터, 페이스북 등 소셜미디어에서 특정 키워드를 편리하게 검색할 수 있도록 하는 메타데이터의 한 형태라고 할 수 있다. 자신의 일상 게시물을 다른 사용자들에게 보이도록 하는 놀이수단이자 내 영상의 정보를 알리기 위한 수단이기도 하다. 해시태그 뒤에 단어는 띄어 쓰면 안 된다. EX) #띠동갑형(○) #띠동갑 형(×)

틱톡에서 해시태그는 매우 중요하다. 틱톡 내 모든 챌린지들은 해시태그를 통해서 표현이 되고, 꼭 챌린지가 아니더라도 영상 업로드 시 내용에 해시태그를 넣어주면 추천에 뜰 가능성이 높아진다. (그림1, 2)

해시태그를 사용할 때, 너무 영상의 내용과 상관없는 키워드를 해시태그로 잡는 건 추천하지 않는다. 뷰티 영상인데 #음식#패션 등 뷰티와 전혀 관계 없는 해시태그는 피하자. 해시태그의 개수는 딱히 정해진

〈그림1〉 영상에 해시태그 넣은 화면   〈그림2〉 챌린지 화면에서 사용되는 해시태그

건 없다. 해시태그가 없는 영상도 영상의 퀄리티가 좋고 참신하고 재밌으면 추천에 뜨는 경우들이 있다. 너무 많으면 지저분하게 보일 수 있으니, 최대 10개는 넘기지 않는 걸 추천한다. 해시태그는 총 3가지로 분류된다.

첫 번째, 공통 해시태그이다. 예를 들면 #틱톡 #추천과 같은 콘텐츠 상관없이 누구나 사용할 수 있는 해시태그를 말한다. 가장 대중적인 해시태그이기 때문에 2~3개만 넣어주는 것이 좋다. (그림3, 4)

#	해시태그	조회수
#	틱톡	조회수 2.8B회
#	틱톡코미디	조회수 4.6B회
#	틱톡미식회	조회수 2.1B회
#	틱톡교실	조회수 2.3B회
#	틱톡푸드	조회수 1.0B회
#	틱톡밈	조회수 2.0B회
#	틱톡연기자	조회수 1.5B회
#	틱톡상황극	조회수 927.0M회
#	틱톡피카소	조회수 970.9M회
#	틱톡쌤	조회수 535.1M회
#	틱톡뷰티	조회수 247.9M회
#	틱톡먹방	조회수 224.3M회
#	틱톡커	조회수 368.5M회
#	틱톡폴카	조회수 261.1M회
#	틱톡패션	조회수 123.0M회
#	틱톡드라마	조회수 131.6M회

〈그림3〉 '틱톡' 해시태그

#	해시태그	조회수
#	추천	조회수 66.4B회
#	추천떠라	조회수 12.7B회
#	관리자님추천뜨게해주세요	조회수 2.1B회
#	추천간판	조회수 4.2B회
#	추천추천	조회수 2.8B회
#	추천좀	조회수 1.4B회
#	추천안뜨면삐짐	조회수 1.2B회
#	추천뜨게해주세요	조회수 3.5B회
#	추천뜨면알려주세요	조회수 2.3B회
#	추천__뜨자	조회수 1.1B회
#	관리자님이거추천어때요	조회수 1.0B회
#	추천뜨자	조회수 901.4M회
#	관리자님_추천좀	조회수 699.0M회
#	추천추천추천	조회수 603.7M회
#	추천추천추천추천추천추천추천추천추천추천…	조회수 607.0M회
#	제발추천	조회수 541.7M회

〈그림4〉 '추천' 해시태그

두 번째, 콘텐츠 키워드 해시태그이다. 예를 들어 '먹방'이 콘텐츠면 #먹방#asmr#맛집 등을 넣고, 노래면 #노래#편곡#커버#댄스곡 등 넣어준다. 이렇듯 나의 영상 콘텐츠에 맞는 키워드 해시태그를 3~4개 정도 넣어주면 좋다.

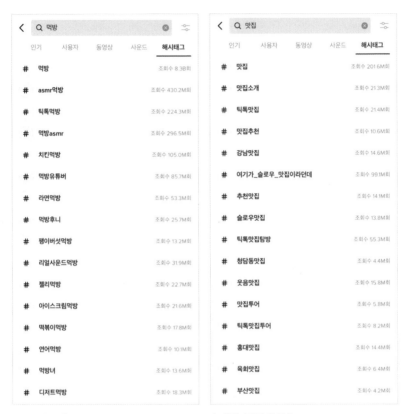

<	Q 먹방			
	인기	사용자 동영상 사운드	**해시태그**	
#	먹방		조회수 8.3B회	
#	asmr먹방		조회수 430.2M회	
#	틱톡먹방		조회수 224.3M회	
#	먹방asmr		조회수 296.5M회	
#	치킨먹방		조회수 105.0M회	
#	먹방유튜버		조회수 85.7M회	
#	라면먹방		조회수 53.3M회	
#	먹방후니		조회수 25.7M회	
#	팽이버섯먹방		조회수 13.2M회	
#	리얼사운드먹방		조회수 31.9M회	
#	젤리먹방		조회수 22.7M회	
#	아이스크림먹방		조회수 21.6M회	
#	떡볶이먹방		조회수 17.8M회	
#	연어먹방		조회수 10.1M회	
#	먹방녀		조회수 13.6M회	
#	디저트먹방		조회수 18.3M회	

<	Q 맛집			
	인기	사용자 동영상 사운드	**해시태그**	
#	맛집		조회수 201.6M회	
#	맛집소개		조회수 21.3M회	
#	틱톡맛집		조회수 21.4M회	
#	맛집추천		조회수 10.6M회	
#	강남맛집		조회수 14.6M회	
#	여기가_슬로우_맛집이라던데		조회수 99.1M회	
#	추천맛집		조회수 14.1M회	
#	슬로우맛집		조회수 13.8M회	
#	틱톡맛집탐방		조회수 55.3M회	
#	청담동맛집		조회수 4.4M회	
#	웃음맛집		조회수 15.8M회	
#	맛집투어		조회수 5.8M회	
#	틱톡맛집투어		조회수 8.2M회	
#	홍대맛집		조회수 14.4M회	
#	육회맛집		조회수 6.4M회	
#	부산맛집		조회수 4.2M회	

〈그림5〉 '먹방' 해시태그 〈그림6〉 '맛집' 해시태그

세 번째, 내 브랜드(닉네임) 해시태그이다. 이 해시태그는 나만 쓰는 해시태그로, 닉네임이 띠동갑형이면 #띠동갑형, 노장금이면 #노장금 이런 예로 쓸 수 있다. 닉네임 해시태그는 내 채널을 브랜딩하기 좋은 방법이며 추천 영상에 뜰 수 있는 요소이기도 하다. 사진처럼 띠동갑형 해시태그 조회수만 봐도 그 영향력은 얼마나 큰지 알 수 있다. (그림7)

〈그림7〉 '띠동갑형' 해시태그 조회수

3-7

배경음악

틱톡에서 음악은 브랜딩과 추천 영상에 뜰 수 있는 필수 요소 중 하나이다.

틱톡 내의 모든 음원은 사용하는데 불편함 없이 자유롭게 이용할 수 있다. 단, 같은 A노래라 할지라도, 외부에서 편집할 때 입혀서 들어오면 저작권에 저촉될 수 있고 틱톡 내에서 선택하여 입히면 문제없이 사용할 수 있다. 또한 틱톡에서 찍은 영상을 외부 광고로 2차 활용이 되는 경우도 종종 있는데, 음원 때문에 외부로 활용하는데 문제가 생길 수도 있다. 이처럼 틱톡에서 자유롭다고 해서 외부에서도 자유로운 것은 아니니, 그 점은 유의하여야 한다.

틱톡의 모든 영상 하단에 사용한 음원이 나온다. (그림1) 그 음원의 동그란 부분을 클릭하면 그림2와 같이 나오게 된다. 이 음원을 사용한 동영상들이 모여 있고, 맨 처음 영상은 이 음원의 원본 영상이고 그다음부

턴 좋아요가 높은 순서대로 위치하며, 보통 좋아요가 높은 순서대로 상단에 위치된다. 음원의 상단에 영상이 위치하게 되면 사람들에게 노출될 가능성도 높아질 수 있다.

〈그림1〉 틱톡영상
가장 하단을 보면 이 영상에 사용된 음원이 보인다.

〈그림2〉 음원영상
음원을 클릭하면 음원에 사용된 영상들을 한눈에 볼 수 있다.

내 영상에 계속 새로운 음원을 넣는 것보다 나만의 시그니처 음원 2~3개만 선택하여 사용하는 것이 좋다. 같은 음원을 계속 사용함으로써 사람들로 하여금 틱톡에서 'A노래=띠동갑형'을 각인시켜 주는 것이 곧 브랜딩이다.

A노래를 다른 크리에이터가 사용했을 때, 그 영상에 '이거 띠동갑형 노래인데' '역시 이 노래는 띠동갑형이 어울려'와 같은 댓글까지 달려 있다면 브랜딩은 성공한 셈이다. 어떠한 영상이든 그 음원을 들었을 때 사람들로 하여금 내가 바로 떠오를 수 있도록 해야 한다. 또한 그때그때 유행하는 음원들을 사용하여 영상을 찍으면, 추천에 뜰 가능성이 높다. 보통 유행하는 영상은 해당 음원에 맞는 콘텐츠 내용이 있지만, 내 콘텐츠에 유행 음원만 입혀도 추천영상에 올라갈 가능성이 있다. 예를 들면 '지코의 아무 노래' 음원을 사용하고 아무 노래 춤을 추지 않고 먹방을 하더라도 현재 아무 노래가 유행하는 중이라면 추천에 뜰 가능성이 높다는 얘기다. 이렇듯, 틱톡에서 음원은 아주 중요한 요소이다. 여러분들도 자신의 콘텐츠에 맞는 음원을 잘 선택하여 사용하길 바란다.

part

4

틱톡 150만
인플루언서의
특급 노하우

4-1

틱톡을 하게 된
계기

동영상 크리에이터란 직업은 학창시절 꿈꿨던 띠동갑형의 꿈과 관련이 있다.

학창시절 꿈은 연예인이었다. 그중에서도 예능프로그램에 출연해 사람들에게 웃음을 주는 예능인이 되고 싶었다. 무한도전, 런닝맨과 같은 예능 프로그램에 출연하여 내 끼를 마음껏 발산하고 대한민국의 많은 사람들에게 재미를 드리고 싶었다.

실제로 장난끼도 많고 개그 욕심도 많아서 학창시절부터 군대, 회사에서까지 어느 집단을 가든 항상 '박준서'하면 끼가 넘치고 재미있는 사람으로 도장을 찍었다. 성격도 워낙에 활발하고 외향적이며, 낯선 사람들과도 금방 친해지는 친화력을 가지고 있어서 방송인으로써 딱 적합한 성격인 것 같다.

하지만 예능프로그램에는 개그맨/가수/배우 등 기존에 연예인으로서 방송 활동을 하는 사람들이 주로 출연하기 때문에 일반인들에겐 기회가 거의 없기도 하고, 당장 일하면서 먹고 살기 바쁘다 보니 연예인이란 꿈은 내 가슴 한켠에 담아두고 살았다. 2018년 12월쯤 친한 친구와 커피 한잔하며 유튜브와 틱톡에 대해 이야기를 나누게 되었다. 사실 그때 그 친구에게 처음으로 틱톡에 대해 들어서 알게 되었다. 집에 오자마자 바로 틱톡을 익히기 위해 몇 일 내내 틱톡만 붙잡고 있었다.

처음엔 헤맸지만, 계속하다 보니 유튜브보다 훨씬 편리하고 부담 없이 촬영하고 편집을 할 수 있다는 걸 익히고 나서는 주 2~3회 이상 꾸준히 영상 업로드를 하였다. 처음엔 딱히 콘텐츠도 없었고 그냥 틱톡이 너무 재미있고 잘 맞아서 아무 영상이나 찍고 올렸다. 그중에서도 워낙에 먹는 걸 좋아했기에 장소 불문하고 맛있는 음식 먹을 때마다 즉석에서 영상을 찍어 업로드하곤 했다. (그림1, 2)

〈그림1〉 초반 띠동갑형　　　〈그림2〉 초반 띠동갑형

그러다가 불닭볶음면을 10초 안에 빨리 먹는 영상을 업로드했는데 (그림3), 그 영상이 대박이 나고 난 후 그때부터 갑자기 팔로워가 늘어났다. 그때부터 제대로 자리를 잡고 음식 세팅을 해서 먹방을 하기 시작했다. (그림4, 5)

올리는 족족 영상들이 추천에 뜨기 시작했고 수많은 댓글과 좋아요와 함께 악플들도 생기기 시작했다. 갑작스러운 관심에 기분이 좋고 설레면서도 마음 한켠엔 걱정도 되고 부담도 되었다. '틱톡을 진지하게 계속해도 될까? 주변 지인들에게 부끄럽지 않을까?'

틱톡에서 인지도가 생기면 불특정 다수 많은 사람들에게 내 얼굴과 목소리, 말투, 어조, 습관 등등 나의 모든 모습이 공개가 될 것이고, 내 지인들도 알게 될 텐데 그 점이 부끄러울 것 같아 고민이 됐다. 하지만 고민도 잠시. 한 번뿐인 인생인데, 고민만 하다 결국 못하고 나중에 땅

〈그림3〉 터닝포인트 영상

〈그림4〉 먹방하는 띠동갑형

〈그림5〉 먹방하는 띠동갑형

을 치고 후회할 것 같았다. 더 이상 핑계 대면서 미루고 싶지 않았다. 어렸을 적부터 꿈꿔왔던 연예인은 아니지만, 그래도 동영상 크리에이터로서 성공하면 분명 예능에도 나갈 수 있는 기회가 올 수 있을 거라 믿었다. 실제로 인스타그램, 유튜브 등에서 유명한 인플루언서들은 TV에도 많이 출연을 하고 있었기에 더욱더 자신감이 생겼다.

2019년 1월 1일 새해에 유튜브와 틱톡을 꾸준히 하겠다 다짐을 하고 내 주변 모든 사람들에게 알렸다. 필자는 보통 목표가 생기면 그 목표를 주변 사람들과 공유하는데 그렇게 하면, 사람들 눈치가 보여 쉽게 그만두기 어렵기 때문에 항상 어떤 계획을 세울 때에는 주변 사람들에게 알리는 편이다. 그렇게 2019년 1월 한 달 동안 인터넷과 책을 보며 기본적인 부분들을 공부하고 2월부터 유튜브와 틱톡을 시작하게 되었다.

초반엔 주변 지인들 중 응원해 주는 사람도 있었지만, 가볍게 보고 비웃는 사람들도 있었다. 그런 사람들 볼 때마다 겉으론 그냥 웃고 넘겼지만, 속으론 '두고 봐라, 꼭 성공하겠다. 저 사람들에게 대단하다는 말을 듣겠다'라고 다짐했다. 틱톡을 시작하고 약 2년 뒤인, 2021년 1월 현재 띠동갑형은 틱톡 150만 팔로워를 보유한 인플루언서 겸 국내 최초 틱톡 강사가 되었고 관련 분야에서 열심히 활동 중이다.

띠동갑형이 가장 좋아하는 명언이 있다.

'처음에 그들은 왜 하냐고 물어보겠지만,
훗날 그들은 어떻게 했냐고 물어볼 것이다.'
–알베르트 아인슈타인

4-2

띠동갑형만의
틱톡 꿀팁

첫 번째로 영상 업로드할 때, 설명란에 글을 질문형으로 넣어주는 게 좋다. (그림1, 1-1)

왜 질문형의 글을 넣어줘야 할까?

그 이유는 이용자들과의 소통 때문이다. 2020년 5060세대 이상 분들도 스마트폰으로 SNS를 하기 시작하면서 틱톡의 사용 연령층이 다양해졌다. 하지만 결국 틱톡의 메인 연령층은 MZ세대라고 불리는 10대들이다. 10대들에겐 TV에 나오는 연예인들과 마찬가지로 유튜브, 틱톡처럼 SNS에 나오는 크리에이터들도 그들만의 연예인이다. 그 연예인들의 영상에 본인이 댓글을 달았을 때, 그 댓글에 답글을 달아준다면 아마 세상을 다 얻은 듯 좋아하게 된다.

〈그림1〉 질문형1   〈그림1-1〉 질문형2

그래서 영상 글에 질문형을 넣어주면, 다는 아니지만 소수는 그 질문에 대한 답을 댓글로 달아주고, 크리에이터가 그 댓글에 다시 답을 달아주며 소통을 하면 내 팔로워 겸 찐팬이 한 명 생기는 셈이다. 또한 그 영상에 댓글들이 쌓이면 비례하여 조회수도 올라갈 것이고 그러면 해당 영상이 추천에 뜰 가능성이 높아질 수 있다.

실제로 띠동갑형도 이 점을 중요시 여겨 사람들과 소통하는데 많은 시간을 쓰며, 요즘은 코로나 때문에 어렵지만 주기적으로 팬들과 만나 대화도 나누고 영상도 찍는다. (일종의 소규모 팬미팅이라고 할까?)

또한 카카오톡 오픈채팅방을 활용하여 띠동갑형 팬방을 만들어 활발하게 소통하고 있다. 크리에이터가 아닌 동네 형 '박준서'로서의 모습을 보여주며 팬들과 편하게 대화하며 지낸다. 10대 친구들이 많기 때문에 삼촌뻘인 내가 보면 너무 귀엽고 사랑스러운 팬들이다. (그림2, 2-1, 2-2)

〈그림2〉 팬 오픈채팅방1   〈그림2-1〉 팬 오픈채팅방2   〈그림2-2〉 팬 페이지

두 번째로 타 SNS플랫폼 언급과 홍보용 멘트는 자제해야 한다. 스샷과 같이 영상 내용 혹은 영상의 글과 해시태그에 타 SNS 언급과 홍보용 멘트는 자제해야 한다. (그림3, 4)

특히 많은 유튜버들이 유튜브에 올린 가로영상을 1분 길이에 맞춰 잘라서 틱톡에 업로드를 하면서 유튜브 홍보를 많이 한다. 아쉬운 점은 가로영상이라는 점과 유튜브를 홍보했다는 사실이다. 전에 얘기한 대로 틱톡은 세로 기반인 영상 플랫폼이기 때문에 가로영상은 추천하지 않는다.

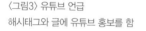

〈그림3〉 유튜브 언급
해시태그와 글에 유튜브 홍보를 함

〈그림4〉 쇼핑몰 언급
해시태그와 글에 쇼핑몰 홍보를 함

　만약에 여러분이 틱톡 회사라면, 틱톡을 단순히 타 SNS 혹은 자신의 사업에 이용만 하려고 하는 사람들의 영상을 좋아할까?

　지금은 신신당뷰라는 유튜브 채널을 기획사와 함께 운영 중이나, 2020년 6월까지만 하더라도 틱톡과 같이 띠동갑형이란 닉네임으로 유튜브 채널을 1년 4개월여 동안 같이 운영했었다. 같이 하면서 가장 힘들었던 점은 하나의 같은 먹방 콘텐츠라 할지라도 틱톡영상 따로, 유튜브 영상 따로 각각의 알고리즘과 시스템에 맞게 촬영을 했다는 점이다. 예를 들면 후라이드 치킨 먹방을 하더라도 2마리를 주문하여 유튜브용으로 가로영상 따로, 틱톡용으로 세로영상 따로 이렇게 두 번을 촬영을 했었다. 가로와 세로는 화면에 비율도 완전히 다르기 때문에 촬영 세팅도 번거롭게 다시 해야 했다. 틱톡과 유튜브는 같은 영상 플랫폼이라는 점을 제외하면 많이 다르다. 틱톡을 단순히 홍보용으로만 생각하고 사용해서는 안 된다. 틱톡도 유튜브와 같은 하나의 동영상 플랫폼이다. 때문에 전문적으로 다뤄야 틱톡의 세계에서 인정받고 영향력 있는 크리에이터가 될 수 있다.

세 번째로 한국인 팔로워이다.

생각보다 시작부터 외국인 팔로워를 타겟팅하여 계정을 키우려고 하시는 분들이 많다. 한국에서 한국인들이 주로 하는 SNS를 하는데, 한국인 팔로워가 아닌 외국인 팔로워를 노린다? 아 이건 추천하지 않는다. 외국인 팔로워로 주로 구성되어 있는 계정들은 속빈 강정이라고 보면 된다. 보여주는 팔로워 숫자만 많고 팔로워 대비 평균 조회수나 좋아요 댓글 수도 많이 적고 틱톡 내 인지도도 상대적으로 낮다. 해서 광고나 협찬도 거의 들어오지 않아 비즈니스 적으로도 어려움이 많다. 보여주는 팔로워 수는 적어도 한국인 팔로워들이 많은 계정은 그만큼 한국 찐팬들도 많고 조회수나 좋아요도 팔로워 대비 많이 높다. 그만큼 광고나 협찬도 자주 들어온다.

또한 한국인 팔로워들이 많으면 찐팬이 많아지고, 팬들이 팬페이지&팬방 등을 만들어 나를 2차 3차 홍보해 주기 때문에 그 점 또한 크리에이터에게 큰 장점이다. 또 영상에 악플이 달리면 날 대신하여 팬들이 악플러들과 싸워주고 몰아 내주는 데, 악플도 상당한 스트레스이기 때문에 그 부분도 팬들에게 참 감사하다.

네 번째로 재업로드&워터마크 영상 업로드 금지이다.

한 번 업로드했던 영상을 재업로드하면 재업로드한 영상은 추천에 잘 뜨지 않는다. 또 스샷과 같이 틱톡 워터마크가 새겨진 영상을 업로드하는 것도 추천하지 않는다. 틱톡에 업로드한 영상을 저장하면 스샷과 같이 워터마크가 생긴다.

〈그림5〉 워터마크1   〈그림6〉 워터마크2

역으로 말하면 틱톡 워터마크가 있는 영상은 기존 틱톡에 업로드가 되었던 영상이다. 때문에 틱톡 워터마크 있는 영상도 재업로드로 볼 수 있기 때문에 역시 추천에 잘 뜨지 않는다. 재업로드하는 경우는 보통 두 가지인데, 첫 번째는 찍어놓은 영상이 없어서 예전에 올렸던 영상을 다시 올리는 경우와 두 번째는 기존에 올렸던 영상이 조회수&좋아요 반응이 좋아서 같은 영상을 나중에 또 한번 올리는 경우이다.

재업로드를 반복하면, 해당 영상이 추천에 잘 뜨지도 않을뿐더러 내 팔로워들이 등을 돌릴 수도 있고 새로운 팔로워가 잘 늘지 않을 수도 있다. 항상 새로운 모습을 보여줘도 부족한데, 올렸던 영상들을 주기적으로 재업로드하면 누가 좋아할까?

영상 재탕은 틱톡뿐 아니라 유튜브, 인스타그램 등 다른 SNS에서도 공통적으로 선호하지 않는다. 꼭 기억하자.

다섯 번째는, 활발한 댓글 참여 활동이 중요하다. 틱톡 내 추천에 올라오는 불특정 다수의 사람들의 영상을 보며, 재미있고 신박한 영상들에 센스있는 댓글을 달아주면 좋다.

그러면 그 영상의 크리에이터와도 댓글로 소통할 수도 있고, 만약 내 댓글이 사람들에게 좋아요를 많이 받으면 댓글란 상단에 고정이 되기 때문에 그 베스트 댓글을 통해서도 내 채널에 사람들이 유입될 수 있다.

마지막으로, 틱톡 크리에이터라면 틱톡의 트렌드를 파악하고 있어야 한다. 숏플랫폼인 틱톡은 타 SNS보다 트렌드가 더욱 빨리 변한다. 지금 이 순간에도, 세계 여러 나라에서 새로운 유행들이 시작되고 있다. 과거에 크리에이터 모임에서 꽤 팔로워가 높고 영향력 있는 틱톡 크리에이터를 만난 적이 있었다. 그는 동영상을 촬영하고 올리는 건 자주 하는데, 그것 말고는 틱톡을 잘 보지도 않고 뭐 관심도 없다고 하였다. 개인적으로 이게 말인지 방귀인지 싶었다. 팔로워가 많다고 자만하는 것으로 밖에 보이지 않았다. 틱톡에서 많은 팔로워를 가진 영향력 있는 채널을 키우고 싶은 사람들 뿐 아니라 많은 팔로워를 보유하고 있는 크리에이터들 또한 항상 틱톡의 트렌드를 파악하고 있어야 한다. 기본 중에 기본이다.

4-3

3초 안에
시선을 사로잡는 기획

틱톡은 숏플랫폼이기 때문에 초반 3초가 매우 중요하다.

틱톡의 메인 세대인 MZ세대의 집중력은 보통 8초라고 한다. MZ세대뿐 아니라 모든 세대의 사람들에게 초반 3초 안에 '나'를 각인시키는 것이 그렇게 쉽진 않지만 또 어렵지도 않다. 3초 안에 주목을 끌기 위해선 콘셉트를 확실히 잡아서 영상 시작할 때 나만의 유행이나 혹은 나의 고유 명사가 될 수 있는 무언가를 찾아내야 한다.

예를 들면 노장금님은 어디서든 도입부에 항상 '젓가락질 잘하는 여자'라는 멘트를 사용하여 장금님만의 시그니처로 만들었고(그림1, 2), 띠동갑형은 먹방 시작 전에 항상 '먹기~!'라는 멘트와 손을 뻗는 제스처를 사람들에게 각인시켜 유행어로 만들었다. (그림3, 4)

말투와 표정 제스처 등 여러 가지가 본인과 딱 맞아야 한다. 같은 단어여도 어떤 표정과 말투로 하느냐에 따라 확 다르기 때문에 나와 딱 맞

〈그림1〉 젓가락질 잘하는 여자 〈그림2〉 젓가락질 잘하는 여자

는 옷을 입은 것 같은 느낌을 주어야 한다. 필자는 먹방으로 30만 팔로워를 확보한 후에는 먹방뿐만 아니라 불닭소스를 활용하여 틱톡에서 '불닭'하면 띠동갑형이 생각나도록 꾸준히 브랜딩을 했다.

각종 챌린지에도 항상 불닭소스를 활용한 영상을 기획해서 참여하고, 먹방할 때도 불닭소스를 항상 뿌려 먹고, 한 마디로 띠동갑형의 모든 영상에 불닭소스가 출연했다고 보면 된다.

이처럼 사람들에게 본인만이 가지고 있는 색깔을 확실하게 그리고 꾸준하게 보여주면서 끊임없이 브랜딩을 해야 한다. 그러면 5초 안에 사람들의 시선을 사로잡을 것이고 팔로워와 찐팬들도 꾸준히 늘어나게 된다.

〈그림3〉 유행어 먹끼 제스처1

〈그림4〉 유행어 먹끼 제스처2

나만의 틱톡
브랜딩 전략

틱톡에서 브랜딩은 1,000번 이상 얘기해도 지나치지 않을 정도로 중요하다.

책 내용 중간중간에도 브랜딩이라는 단어를 많이 봤을 것이다. 틱톡을 가입하는 순간 브랜딩이 시작된다고 보면 된다. 가입 후 내 프로필 소개글을 쓸 때 어떤 말투와 형식으로 적어놓을지, 매 영상마다 또 나만의 시그니처 멘트나 표정을 보여주어 사람들에게 각인시키는 것도 브랜딩이다.

또한 같은 음원을 반복적으로 사용하여 사람들에게 그 음원=띠동갑형이 떠오르게 하는 작업도 브랜딩이며, 항상 비슷한 썸네일을 사용하는 것, 같은 배경에서 촬영하는 것 등도 모두 다 브랜딩이다. 본인의 닉네임이 들어간 티셔츠를 주문 제작하여 입고 촬영할 수도 있고, (실제 필자는 브랜딩을 위해 띠동갑형 반팔티를 주문 제작하여 촬영함/그림1, 2)

〈그림1〉 띠동갑형 주문제작 티셔츠1   〈그림2〉 띠동갑형 주문제작 티셔츠2

　　실제로 불닭소스를 여러 영상에서 계속 보여줌으로써 틱톡에서 '불닭=띠동갑형'이란 브랜딩을 성공시켰듯이, 어떤 소품을 영상에 계속 보여줌으로써 그 '소품=나'라는 공식이 떠오르도록 하는 것도 브랜딩이다. (그림3)

〈그림3〉 불닭소스

꼭 콘텐츠를 개성 있게 정하는 것만이 브랜딩이 아니고, 이런 세부적인 부분들 하나하나 모두가 브랜딩인 셈이다. 내 SNS계정의 가치는 내가 어떻게 하느냐에 따라 정해진다. '내 계정=내가 운영하는 기업'이고 내가 그 기업의 회장이라고 생각해야 한다. 어떻게 하면 이 기업을 사람들에게 더 많이 알리고, 매출을 극대화시킬 것인가에 대해 고민을 끊임없이 해야 한다.

그 방법 중 하나가 브랜딩이며, 본인 계정의 모든 부분 하나하나 브랜딩을 해서 꾸준하게 계정의 몸값을 높여나가야 한다. 단순히 동영상만 업로드하면서 틱톡 안에서만 국한되어 있는 것보다, 틱톡을 하지 않는 다른 사람들에게도 나를 알려야 하고, 그 과정에서 내 수입이 되는 파이프라인을 구축해야 한다. 가만히만 있으면 발전 없이 그냥 그 상태로 머물게 될 뿐이다. 브랜딩이 내 생활이 되어야 하고 항상 발전하려고 노력해야 한다.

4-5

내 틱톡 계정
인사이트(분석)하기

틱톡도 인스타그램의 인사이트 기능과 같은 분석 기능이 있다.

최근 인기 동영상, 조회수, 팔로워 증가수 등 크리에이터 계정의 전반적인 부분에 대한 통계치라고 생각하면 된다. 이 분석 기능을 사용하기 위해선 먼저 프로 계정으로 전환을 해야 한다. 하는 방법은 다음 페이지를 참고하면 금방 알 수 있다.

〈 프로 계정 전환하기 〉

〈그림1〉 1단계. 내 프로필 창에서 오른쪽……을 누른다.

〈그림2〉 2단계. 맨 위 계정 관리를 누른다.

〈그림3〉 3단계. 맨 밑 Pro계정으로 전환을 누른다.

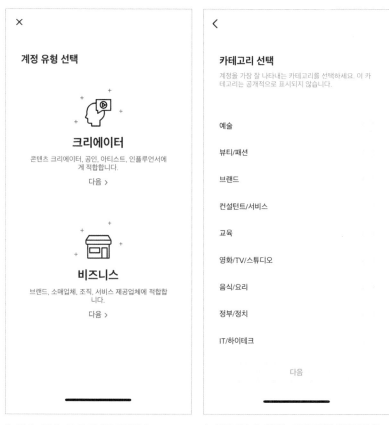

<그림4> 4단계. 둘 중 하나를 선택한다.　　<그림5> 5단계. 원하는 카테고리를 선택하면 끝

　위와 같이 그대로 따라 하면 쉽게 프로 계정으로 전환할 수 있으며, 4
단계에서 크리에이터 or 비즈니스 계정 선택은 나에게 맞는 걸로 선택하
면 된다. 비즈니스 계정은 아무래도 기업 계정이다 보니 틱톡 내 사용할
수 있는 음원의 수가 제한되기 때문에, 대부분은 크리에이터 계정으로
설정하여 계정을 먼저 키워두고 추후에 비즈니스 계정으로 바꾸는 것을
추천한다. 자 이렇게 프로계정으로 전환했다면, 이제 분석 기능을 사용

할 수 있다. 마찬가지로 참고 자료를 보면 이해하기 쉬워지게 된다.

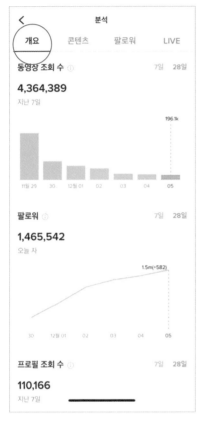

〈그림6〉 분석기능1

〈그림7〉 분석기능2

그림6은 동영상 조회수와 팔로워 증가수, 프로필 조회수를 알 수 있다. 7일~28일 동안의 수치만 알 수 있기 때문에 매주 일주일치의 수치를 기록해 두는 게 좋고 몇 달 동안 꾸준히 하면 내 채널의 훌륭한 데이터값이 된다. 앞에 3가지 기능 모두 매일의 수치를 다 볼 수 있기 때문에 상세하게 기록이 가능하다.

그림7은 최근 일주일 동안의 동영상 게시물과 게시물 개수, 인기 동영상 등을 볼 수 있다. 인기 동영상은 최근 일주일 동안 조회수가 높은 순서대로 보여진다. 하루 전에 올렸다고 해도 조회수가 낮다면 인기 동영상엔 안 보일 수 있다.

〈그림8〉 분석기능3

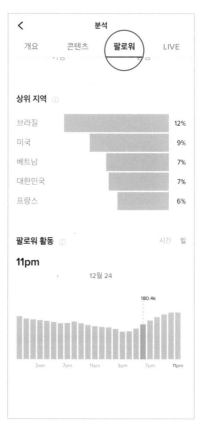

〈그림9〉 분석기능4

그림8, 9는 현재 내 팔로워 숫자와 성별, 지역, 팔로워 활동시간 등을 확인할 수 있다. 지역에 대한민국이 아닌 외국 국가의 비율이 높다

는 것은 해당 나라에 띠동갑형의 영상이 추천에 떠서 그 영상을 통해 유입이 된 것을 보여준다. 띠동갑형도 저 당시 매운 음식을 먹고 아무렇지 않은 듯 정색을 하는 '정색 챌린지'에 참여했던 영상이 브라질, 미국에서 터지면서 그 나라의 팔로워들이 급격하게 늘어났다. (그림10, 11)

〈그림10〉 정색 챌린지 화면1   〈그림11〉 정색 챌린지 화면2

외국인들 유입할 수 있는 꿀팁은, 외국에서 유행하는 챌린지 혹은 유행 영상이나 음원에 맞춰 촬영하거나 외국인의 영상과 이어찍기, 듀엣 등의 기능을 활용하여 촬영하는 방법 등이 있다. (그림12, 13)

팔로워 활동 시간은 주로 내 팔로워들의 틱톡 활동 시간을 의미하는데, 주요 활동 시간에 맞춰 영상을 업로드하면 많은 팔로워들이 내 영상을 볼 수 있기 때문에 높은 조회수를 기록하여 추천 영상에 보여질 가능성이 높다.

<그림12> 외국인과 듀엣1   <그림13> 외국인과 듀엣2

그림14는 라이브의 인사이트를 볼 수 있는 곳이다.

<그림14> 분석기능5

라이브 기능을 부여받은 크리에이터가 라이브를 했을 때, 7일~28일 동안의 통계치를 확인할 수 있다. 몇 번의 라이브를 했고, 라이브방송 총 조회수와 라이브방송을 통해 얻은 팔로워수, 총 라이브 시간, 최고 시청자 숫자 등을 확인할 수 있다. 순시청자는 내 라이브를 한 번 이상

본 시청자들의 수이고, 다이아몬드는 라이브 중 시청자들에게 받는 재화가 변환된 개념인데 중국 틱톡인 抖音(더우인)에도 라이브 중 크리에이터에게 재화를 선물할 수 있는 기능이 열려 있다. (그림15)

〈그림15〉 抖音(더우인) 라이브 선물 화면

라이브를 하게 되면 추천피드에도 뜨기 때문에, 자주 라이브를 하는 것도 계정을 키우는 좋은 방법이다. 다만 아직은 라이브 권한이 모두에게 열려 있지 않고 틱톡 내부기준에 맞추어 일정 팔로우 이상을 보유한 크리에이터들에게만 라이브 기능이 부여되었다.

4-6

악플러님(?)들
대응하기

틱톡과 같은 SNS를 꾸준히 하다 보면 팔로워와 팬이 늘어남과 동시에 악플러들도 생겨날 수 있다. 띠동갑형은 다행히도 악플이 별로 없는 편이지만, 그래도 꾸준하게 조금씩 악플러님들이 놀러 오신다. 필자는 멘탈도 강한 편이고, 워낙에 긍정적이기 때문에 악플이 달려도 타격이 1도 없었다. 그래서 초반엔 악플이 달리면 동네형처럼 유하게 대처를 했었다.

예를 들어 악플러가 '왜 그렇게 생겼냐'고 악플을 달면 답글로 '형 이렇게 생겨도 재미는 있어. 앞으로 기대해!!' 이런 식으로 좋게 얘기를 했었고 예상치 못한 나의 반응에 몇몇 악플러들은 사과를 하거나 내 찐팬이 되는 경우도 꽤 많이 있었다.

하지만 100만 팔로워가 넘어가고부터 악플들의 빈도도 잦아지고 수준도 높아졌다. (그림1~4)

이수환
왜저러냐 진짜 2020-7-28

조랑말
밑도끝도없이 이것만 쳐하노 ㅉ 2020-5-30

7

답변 보기(3) ∨

듭듭
지가 잘생기고 멋지고 재밌고 카리스마 있는 줄 아네
2020-6-8

wxwx
우려먹지말라니까 더하는거같네 ㅋㅋㅋ 관심마렵나 혹
시 2020-6-7

〈그림1~4〉 실제 악플 예시, 책에 실을 수 있는 정도의 악플들

　악플도 관심이라는 말도 있지만(흠…… 그런 관심은……) 필자에 대한 인신공격과 부모님의 안부를 묻는 악플들 뿐 아니라 가장 무서웠던 건 물타기성 악플이었다. 내가 하지도 않은 일을 한 것처럼 꾸며내어 댓글을 달아서, 내가 한 것처럼 만들어 버리는 고단수의 악플이다.

　예를 들어 악플러가 '어! 띠동갑형 저 사람 마스크 안 쓰고 놀이공원에서 놀던데?'라는 댓글이 달리면 수많은 사람들이 '해명해라' '헐 제정신 아니구나' '와 실망' 등의 추가 댓글을 달기 시작한다. 이쯤 되면 사태가 커진다.

　한순간에 띠동갑형은 이 코로나시국에 가지도 않은 놀이공원에서 마스크도 쓰지 않고 돌아다닌 사람이 되버리게 된다. 그렇다고 해명영상을 찍기에도 애매하고 가만 있기에도 애매하다. 사태가 커지기 전에 물타기성 악플을 발견하면 바로 삭제를 하고 만약 이미 물타기가 시작됐다면 그 악플에 댓글로 확실하게 아니라는 의견을 달아준다. 악플에는 절대 욱해서 답글을 달면 안 된다. 악플러들은 그걸 바란다. 괜히 욱해서 답글 달았다간, 결국 나만 욕먹는다.

'그렇게 속좁으니까 너가 성공못하지'
'ㅉㅉ너보다 어린애랑 싸우고 싶냐?'
'와 띠동갑형 인성 대박이네--'

이런 식으로 나에게 화살이 돌아오고 또 다른 물타기성 댓글이 시작될 가능성이 높다. 동영상 크리에이터로서 악플은 피할 수 없는 부분이다. 그렇다면 최대한 악플에 스트레스받지 않아야 하는데 가장 좋은 방법은 악플러들을 철저하게 무시하고 차단하게 만들어야 한다. 달래도 보고 화도 내보고 여러 대응을 다 해본 결과, 악플이 보이는 순간 바로 삭제하고 악플러 계정을 차단하는 것이 최고의 방법인 것 같다. 그들에게 관심을 주면 안 된다. (그림5)

댓글과 메시지에 대한 설정은 '개인 정보 및 설정' 메뉴에서 가능하다. 인스타그램의 경우 DM으로 힘들어 하는 크리에이터도 있는데 틱톡에서는 나에게 메시지를 보낼 수 있는 사람의 범위를 설정할 수 있다. 나의 영상에 리액트와 댓글을 달 수 있는 사람의 범위 또한 설정할 수 있다. 악플을 다는 팔로워를 특정하여 본인의 콘텐츠를 볼 수 없게 할 수 있으며 댓글 또한 달 수 없게 설정할 수 있다. 특정 단어를 숨김처리하며

〈그림5〉 악플러 차단 목록   〈그림6〉 개인 정보 설정 화면

동영상을 다운로드하여 게시할 수 없도록 설정도 가능하다. (그림6)

　적극적인 소통은 필수이지만, 필요없는 감정 소모를 하게 되는 악플에는 소통할 필요 없으니 적절한 설정으로 역량과 시간을 콘텐츠 만드는 데 더 집중하는 편이 좋다.

　항상 웃고 파이팅 넘치는 띠동갑형이지만 나도 사람인지라, 가끔은 악플에 상처받을 때가 있다. 하루 빨리 악플 없는 SNS 문화가 형성되길 바란다.

강남 허준
박용환 인터뷰

- 본인의 주 콘텐츠는 무엇인가?

  건강과 관련된 내용들입니다. 한의학 의학 운동 미용 등 건강 쪽과
  연결된 콘텐츠를 다루고 있습니다.

- 틱톡을 언제, 어떻게 시작하게 되었는가? (하게 된 계기 등)

  1년 반 전에 시작했고, 주위에서 틱톡을 하는 분들이 있어서 자연스
  럽게 관심이 있는데 한 분이 강력하게 권해서 시작하게 되었습니다.
  아직 한국에서 초기단계였으니 더 끌리는 면이 있었습니다.

- 틱톡 초반에 계정을 키우기 위해 집중했던 점과 힘들었던 점은?

  처음에는 어떻게 하는지 잘 몰라 우왕좌왕했던 기억이 있습니다. 자
  주 쓰던 플랫폼이 아니라서, 이웃집 초등학생에게 물어서 활용법을

〈그림1〉 강남 허준 박용환 프로필 　　　　〈그림2〉 주요 콘텐츠

알아보기도 했습니다. 하지만 일단 쓰기 시작하니 생각보다 쉬워서 금방 적응을 했습니다. 계정을 키우려면 초기에 집중하는 게 좋을 것 같아 거의 매일 업로드를 했습니다. 다행히 한의학 콘텐츠가 무궁무진해서 콘텐츠 자체에 대한 걱정은 없었습니다.

- 본인만의 틱톡 팔로워를 늘리는 꿀팁은?
  틱톡은 영상제작과 업로드가 간편하니까 주 3회 이상은 업로드를 하는 것을 권합니다.

본인만의 색채를 입혀주시는 것이 좋습니다. 약간의 의외성이 있으면 더 좋겠어요. 저의 경우는 한의사 의사가 틱톡을? 하는 것도 의외성이었고, 지루하게 말로 설명을 하지 않는 전달방식도 의외여서 지금처럼 성장할 수 있지 않았나 싶습니다.

- **틱톡을 활용한 본인의 마케팅&수익창출 수단은?**

현재는 광고와 협찬 위주일건데 지금까지는 계정을 활성화시키기 위해서 일부러 진행하지 않았습니다. 앞으로 틱톡에서 여러 기능들이 추가될 것 같으니 그런 기능들과 잘 연계해서 진행해 볼 예정입니다. 본업인 한의사 외에 강의와 여러 사업을 하고 있어요. 앞으로 그런 부분들에서도 도움을 받을 것 같습니다.

- **'틱톡'의 장점은 무엇이라고 생각하는가?**

틱톡에는 엄청난 아이디어들이 돌아다닙니다. 나를 표현하는 창의적인 공간이죠. 창의성이 꿈틀대는 곳에 있다는 것만으로도 가치가 빛날 거예요. 확산 속도도 굉장히 빠른 것이 장점입니다. 또 하나, 글로벌하게 알릴 수 있는 것도 미래에 큰 가치를 발휘하지 않을까 생각합니다.

- **앞으로의 계획은?**

틱톡을 통해서 한국뿐만 아니라 세계 각국의 많은 분들과 소통하고, 건강을 전해주고 싶습니다. 제가 아마 세계에서 가장 유명한 한의사일 것 같습니다. ㅎㅎ…… 그리고 틱톡을 통한 사업화의 길도 모색하려 합니다.

- 틱톡을 이제 시작하려고 하시는 분들에게 해주고 싶은 말은?
  지금, 바로 시작하세요!

part

5

요리연구가의 틱톡 1인 기업 브랜딩 노하우

5-1

틱톡을 시작하게 된 계기

노장금은 어려서부터 부모님께서 맞벌이를 하셔서 혼자 끼니를 챙겨 먹을 일이 많았다. 주방에서 이것저것 해먹는 것이 일상이자 놀이였다. 가족과 친구들이 맛있게 먹어 주는 것이 행복했던 노장금은 요리를 전공하게 되었고 졸업 후 프리랜서로서 각종 요리 관련 활동을 하였다. 활발한 SNS운영으로 요리지식을 쉽게 알리기 위해 노력하였다. 책을 출간하면서 강의, 방송 출연의 기회가 더 찾아오게 되었고 현재는 콘텐츠 기획, 요리 강의, 메뉴 개발, 요리책 출간 등의 활동을 하고 있다.

노장금은 요리 전문가, 요리 크리에이터로서 활동하는 방법 중 하나로 틱톡을 시작했다. 이미 요리연구가로서 활발히 활동하고 있었기에 노장금은 브랜딩을 강화하고 확장하기 위해 새로운 동영상 플랫폼을 활용하고 싶었다.

〈그림1〉 노장금 쿠킹 클래스

    틱톡과의 인연은 요리영상 콘텐츠에 대한 고민이 있던 차에 우연히 접하게 된 영상이 계기였다. 기존에 운영하던 블로그의 요리 콘텐츠는 완성컷과 과정컷 위주의 글과 사진 중심의 콘텐츠였다. 유튜브가 인기 플랫폼으로 자리 잡아가고, 사진보다는 영상이 조리 과정을 보여주는 데 효과적이라고 생각했기 때문에 요리영상 콘텐츠에 대한 고민을 하였다. 이 시기에 15초 길이의 영상을 통해서 사람들이 춤추고 놀이를 하는 콘텐츠가 눈에 들어왔다. 처음에 틱톡을 시작할 때는 그저 SNS에 음식 콘텐츠를 올리는 것보다 쉽게 영상으로 요리와 노장금을 알릴 수 있겠다는 판단에서였다.

    15초 안에 한 가지 요리를 다 담아내기 위해 노력했다. 처음 업로드한 달걀볶음밥은 조금 더 노장금스럽게 만들어보려고 했다. 완성된 볶음밥이 흔해 보여서 갈릭마요네즈와 스리라차 소스를 뿌려보았고 영상을 2배속으로 편집하고 구도도 바꾸어 가며 촬영했다. 큰 기대는 없었는데 갑자기 영상 조회수가 증가했다. 그동안 여러 SNS를 해보았지만 틱톡은 반응속도가 다른 플랫폼보다 굉장히 빨랐다. 그때부터 요리영상을 만들어서 올리는 재미가 붙기 시작했다.

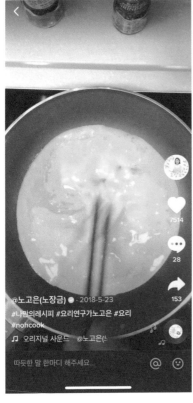

<그림2> 처음 업로드한 영상

<그림3> 챌린지로 참여했던 영상

다른 크리에이터들처럼 노장금 또한 수십, 수백만의 팔로워를 보유한 크리에이터가 되고자 하는 목표를 가지고 있다. 하지만 인기 이전에 요리전문가로서 대중에게 요리를 쉽게 할 수 있도록 레시피를 소개하고자 하는 목표도 함께 가지고 있다. 틱톡은 영상이 주된 콘텐츠가 된 현재의 시점에 적합한 short mobile video 플랫폼이다. 짧다는 것은 긴 영상

보다는 쉽게 만들 수 있어 요리영상 콘텐츠를 만드는 데 보다 쉬운 접근이 가능하다. 본인의 콘텐츠를 영상으로 만드는 데 틱톡은 그 고민의 시간을 줄여 주었다.

틱톡은 콘텐츠 생산자와 소비자의 간극이 다른 플랫폼에 비해 적은 플랫폼이다. 쉽게 말하자면 누구나가 콘텐츠를 생산할 수 있다는 이야기다. 오리지널 콘텐츠에 갇혀 있지 않고 재미있는 주제를 따라 하며 소통하는 밈과 챌린지에 특화되어 있어서 콘텐츠를 소비하는데 그치지 않고 창조적으로 재생산할 수 있다. 틱톡에 요리영상을 올리면 다른 틱톡커가 본인의 색을 입혀 재창조하는 것을 빠르게 볼 수 있어 다른 플랫폼에서 느끼지 못한 재미를 경험할 수 있다.

1인 기업 브랜딩에서
가장 중요한 것은 무엇이었나?

　1인 기업 브랜딩에서 가장 중요한 것은 자기 자신이다. 자기 자신의 콘텐츠를 찾는 것이 중요하다. 자신이 브랜드가 되어 다른 크리에이터와 차별화되는 콘텐츠를 만드는 것이 1인 기업 브랜딩의 첫 번째라고 생각한다. 틱톡에서 '띠동갑형' 하면 먹기이~!와 정색 챌린지, 그리고 불닭소스가 떠오르고 '노장금' 하면 닉네임이나 NohCook이란 계정 명에서 바로 요리가 연상이 되어 요리하는 사람이구나 하고 알 수 있다. 이와 같이 차별성과 자신만의 색깔이 드러나는 아이덴티티를 확보하여야 한다.

　아이덴티티, 즉 정체성을 찾는 것은 뾰족함이라고 생각한다. 콘텐츠를 만들 때 본인이 잘 하는 것, 꾸준히 할 수 있는 것을 뾰족한 콘셉트로 잡아서 가도록 해야 한다. 어느 크리에이터나 권태기가 올 수도 있기 때문에 자신이 잘 할 수 있는 것, 또는 꾸준히 할 수 있는 것이어야 된다. 콘텐츠를 기획하고 촬영하는 것이 부담스러운 일이 되어 버리면 성장하기도 전에 포기하고 말 가능성이 높다.

　노장금은 카카오스토리에서 사람들에게 따라 하기 쉬운 요리 레시피를 소개하면서 점차 알려지기 시작했다. 고등학교 시절 조리자격증을 취득하면서 조리과를 거쳐 현재는 호텔관광조리외식경영학과 박사과정을 밟고 있어 요리분야에서 경험적, 학문적으로 전문가가 되어가고 있다. 그런데 노장금은 '참 쉬운 혼밥'이라는 책을 내면서 쉬운 레시피를 주요 콘텐츠로 만들고 있다. 과연 어려운 요리를 못해서일까? 아니다. 말 그대로 뾰족하게 콘셉트를 잡은 것이다. 쉬운 레시피 소개로 콘셉트를 잡아서 활동을 하다 보니 혼밥전문가라는 수식어가 붙었고 차츰 확장하여 요리전문가로서 방송, 기업과 협업하게 되었다. 뾰족하게 콘셉트를 잡으면 점차 넓혀갈 수 있는데 처음부터 이것저것 욕심을 부려서 이런저런 콘텐츠를 다루다 보면 정체성이 모호해진다. 내가 잘 하는, 지속할 수 있는 가장 좁은 분야부터 시작하는 뾰족함을 찾기 바란다.

〈그림1〉 '쉬운 레시피' 콘텐츠를 책으로 출간('참 쉬운 혼밥')

1인 브랜딩에서 콘텐츠를 업로드하며 관심을 가져야 하는 것은 구독자(팔로워)와의 소통이다. 연예인들이 팬덤이 확고할수록 광고 단가가 올라가는 것과 같이 팔로워가 늘어날수록 조회수와 좋아요가 증가하며 이에 비례하여 본인의 몸값은 올라간다. 팔로워가 늘어나면 영상에 댓글이 많이 달린다. 시간이 소요되더라도 댓글을 성심성의껏 달아주면 팔로워가 아니었던 사람들도 팔로우 버튼을 눌러준다. 노장금의 경우 댓글 전부에 답글을 달기 힘들더라도 업로드된 영상의 초기 댓글에는 답글을 달기 위해 노력한다.

〈그림2〉 댓글로 소통하는 노장금과 띠동갑형

마지막으로 꾸준함이다. 100만 틱톡커의 공통점은 매일매일 콘텐츠를 업로드한다는 점이다. 재미도 있고 유익하면 더 좋겠지만 그 이전에 꾸준히 콘텐츠를 업로드하는 것이 필요하다. 지속적으로 콘텐츠를 만들고 업로드하는 지난한 과정 없이 이른바 '떡상'하는 크리에이터도 있지만 그러한 크리에이터들도 주기적으로 콘텐츠를 업로드한다. 많이 올리다 보면 어떤 영상이 인기를 얻는지 확인하여 본인의 색을 찾는 기회가 더 빨리 오기도 한다.

〈그림3〉 일정한 주기로 꾸준히 콘텐츠를 올리는 노장금, 띠동갑형

화면 구도, 효과, 음악 어떠한 것이 좋은지 공식이 있는 것이 아니기에 경험이 중요하다고 생각한다. 공부는 엉덩이로 한다는 말처럼 꾸준함이 틱톡에서도 적용된다. 씨앗을 뿌리는 단계라 생각하여 꾸준히 업로드하며 댓글로 소통하는 다양한 시도를 하여야 한다.

노장금의 경우 카카오스토리에서 10만이 넘는 팔로워를 보유한 원동력도 꾸준함이었다. 요리를 하는 사람은 많고 요리를 잘한다고 모두가 브랜딩이 되는 것도 아니다. 프리랜서 강사를 하면서 요리책을 내고자 하는 목표를 가지고 있어 책을 내기 위해 매일매일 식재료를 활용해서 만든 요리를 일기같이 업로드하였다. 처음에는 반응이 없었는데 몇 주가 지나면서 갑자기 댓글과 공유가 늘어나면서 추천, 인기게시물에 노장금의 요리가 뜨기 시작했다.

콘텐츠를 업로드하고 누군가가 내 게시물에 열광하고 반응한다는 것을 확인하는 경험은 콘텐츠를 키우는데 꼭 필요한 지점이라 생각한다. 탄력을 받아서 콘텐츠에 대하여 고민하고 연구를 하게 되어 자연스레 양질의 콘텐츠가 나오게 된다. 이 경험은 틱톡에서도 확인할 수 있었다. 자신의 콘텐츠가 챌린지에 게시가 되고 생각지도 못한 영상이 조회수가 터지는 경험은 꾸준한 업로드를 할 때 찾아오는 것이라 생각한다.

참고로 노장금의 경우 틱톡과 함께 혼밥레시피 챌린지를 진행한 적이 있다. 정말 다양한 틱톡커들의 아이디어 요리를 만나볼 수 있었고 요리연구가이자 푸드디렉터로서 뿌듯한 경험이었다. '참 쉬운 혼밥' 도서를 출간하고 꾸준히 콘텐츠를 만들었기 때문에 요리전문가로서 브랜딩되었고 기업과 협업할 수 있었다고 생각한다. 1인 기업으로 꾸준히 한 분야에서 브랜딩이 된다면 다양한 기회의 장이 열릴 수 있다.

〈그림4〉 틱톡 챌린지에 노장금의 콘텐츠 노출(오른쪽 루돌프가 노장금 콘텐츠)

〈그림5〉 혼밥레시피 챌린지와 상품으로 제공된 저자 도서

5-3

채널 브랜딩

크리에이터로서 채널 브랜딩이 필요한 이유는 1인 기업으로서 차별성을 가지고 아이덴티티를 구축하기 위해서이다. 확실한 아이덴티티를 가지면 다양한 미디어와 플랫폼에 유연하게 대응하여 콘텐츠를 만들 수 있다. 변화하는 미디어 환경 속에서 유튜브, 틱톡과 같은 새로운 콘텐츠 플랫폼이 계속하여 등장하고 있으며 평균적으로 5년마다 플랫폼의 교체가 일어난다.

예전에는 트렌드가 1년 주기로 변화하였다면 요즘은 6개월 단위로 트렌드가 변화하고 있다. 틱톡의 경우 인기 콘텐츠가 전 세계로 퍼져 나가는데 3일밖에 걸리지 않는다. 이러한 시대에 본인의 아이덴티티가 확실하다면 콘텐츠 제작과 비즈니스 확장에 보다 쉽게 대응할 수 있다.

채널 브랜딩을 위해 첫 번째로, 가장 잘하는 분야의 특화가 필요하다. 게임, 개그, 지식, 먹방, 요리, 메이크업, 춤, 노래와 같이 다양한 분야의 카테고리를 점검하여 잘 되는 분야보다는 본인이 관심을 가지고 꾸준히 콘텐츠를 생산할 수 있는 분야를 선정해 그 안에서 다른 콘텐츠와 차별성을 가져야 한다.

노장금의 경우 요리분야에서 전문가로서 활동하고 있었고, 다른 요리전문가와 차별성으로 쉬운 레시피를 소개하고자 하였다. 친숙한 냉장고 재료를 사용하고 복잡한 단계의 레시피를 3~6단계로 정리하여 요리과정을 이해하기 쉽게 하였다. 요리연구가라는 전문성과 쉬운 요리라는 차별성으로 노장금을 브랜딩하여 콘텐츠를 제작하였기에 전통미디어인 책과 TV 방송뿐만 아니라 뉴미디어인 유튜브와 네이버, 틱톡에 콘텐츠를 지속적으로 업로드할 수 있었다.

〈그림1〉 KBS, MBC, SBS, tvN, MBN, 채널A, JJC 등 TV방송 참여

두 번째로, 본인 홍보의 장이 필요하다. 지금도 마찬가지이지만 홈페이지가 있어 본인의 활동사항, 판매상품, 연락처 등이 일목요연하게 보여야 어떤 활동을 하는지, 어떤 비즈니스를 하는지 잘 알릴 수 있다. 요즘음은 관리가 쉬운 블로그도 전문 홈페이지의 느낌으로 깔끔하게 구성

할 수 있으며 홈페이지 없이 인스타그램과 페이스북의 프로필을 통해 홍보를 하는 경우도 많다. 프로필은 본인 채널의 얼굴이자 브랜딩의 시작이기 때문에 틱톡 또한 프로필 구성이 중요하다.

프로필은 크게 계정명, 커버사진, 소개글, 콘텐츠로 구성되어 있다. 노장금은 일관된 브랜딩을 위해서 타 플랫폼과 동일한 계정명을 이용하고 커버 사진 또한 되도록 같은 사진이나 비슷한 분위기의 이미지를 사용하고 있다. 동일한 계정명이면서 같은 카테고리의 콘텐츠여야 브랜딩이 가능하다고 생각한다.

틱톡에서는 프로필 화면에서 유튜브, 인스타그램, 트위터와 같은 다른 플랫폼의 링크를 달 수 있어 본인의 타 플랫폼의 채널로 팔로워의 유입이 쉽게 가능하다. Pro계정으로 전환 후에는 소개글에 외부링크를 추가하고 홈페이지나 블로그, 쇼핑몰로도 유입시킬 수 있다. 틱톡 또한 인스타그램과 마찬가지로 한 가지 링크만 가능하기 때문에 노장금은 멀티

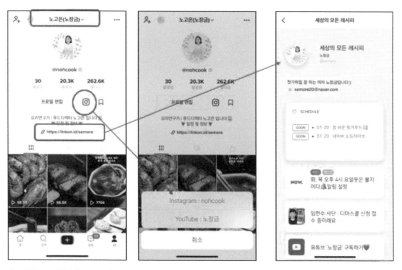

〈그림2〉 노장금 틱톡 프로필

링크가 가능한 서비스를 이용하고 있다.

　세 번째로 콘텐츠를 업로드할 때 제목과 해시태그에 본인의 전문분야와 이름, 닉네임을 항상 함께 넣는 것이 좋다. 마케팅 강의를 들으면 키워드와 관련하여 접할 수 있는 가장 기본적인 내용이다. 예를 들어 된장찌개 콘텐츠를 업로드할 때 '초간단 된장찌개 요리연구가 노장금' 이런 식으로 제목을 쓴다. 원하는 키워드를 넣으면 검색을 하였을 때 본인의 분야와 콘텐츠가 연관되어 검색 결과에 나오게 된다. 노장금은 업로드하는 콘텐츠 제목에 요리연구가, 푸드디렉터, 노고은, 노장금을 번갈아가면서 업로드하여 서로 연관된 검색결과가 나올 수 있도록 하고 있다. 덕분에 요리연구가, 푸드디렉터를 검색하면 상단에 노출되고 있다.

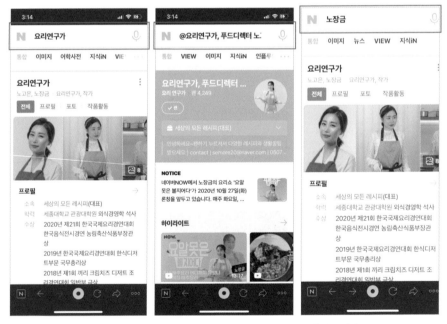

〈그림3〉 요리연구가, 푸드디렉터, 노장금으로 검색 시 노출되는 화면

5-4

콘텐츠
제작 전략

유튜브에서도 첫 2~3분이 중요하듯 틱톡도 처음 3~5초의 영상이 중요하다. 이 짧은 시간에 구독자의 시선을 끄는지 아닌지가 결정된다. 때문에 노장금의 콘텐츠에서도 영상 첫 부분은 예쁜 완성 컷이나 동적인 화면(자르고, 뿌리는 화면)을 배치하려고 노력한다. 전략적으로 시그니처 화면을 넣는 것도 방법이다.

틱톡은 숏폼 동영상 플랫폼답게 영상의 호흡이 빠른 것이 인기가 있다. 노장금도 다양하게 시도해 보았다. 어설프지만 재료를 만졌다가 손을 떼면 재료가 짠~하고 손질되어 있는 영상처럼 보이게 편집하기도 하고, 전체 요리영상을 속도만 4배속으로 빠르게 편집하기도 했다. 이렇게 하나씩 올릴 때마다 반응을 보며 콘텐츠 편집에 대한 방향성을 수정하고 조절했다.

어떤 날은 불닭볶음면을 맛있게 먹는 방법으로, 요리를 한다기보다는 편의점 메뉴를 맛있게 먹는 방법의 업그레이드 버전이었는데 팔로워에 비해 조회수가 굉장히 높게 나왔다. 요리전문가로서 전체적인 과정과 요리 정보를 보여주면 인기가 있을 거라 생각했었는데 틱톡은 역시나다른 플랫폼과는 감성이 또 달랐다. 어떤 날은 동전모양의 새우볼을 튀기는 장면만 보여줬는데도 반응이 엄청 뜨거웠다. 이렇게 하나씩 올려가면서 조회수와 반응을 지켜보다 보니 시청자들이 노장금의 어떤 영상에 즐거워하고 반응하는지 조금씩 알게 되었다.

〈그림1〉 평소보다 좋아요가 잘 나온 콘텐츠

〈그림2〉 잘 된 예시

　틱톡은 세로형 콘텐츠가 선호된다. 가로형 영상을 그대로 업로드하기보다는 확대를 하더라도 화면을 꽉 채우는 것이 시각적으로 좋다. 아래 부분은 글과 해시태그가 들어가기 때문에 화면을 3등분하여 상단 1/3 정도 되는 부분에 콘텐츠의 중심이 오면 좋다. 같은 이유로 자막은 상단 부분 또는 가운데 부분에 들어가야 가독성이 좋다. 너무 위쪽에 자막을 넣으면 메인 화면에서 팔로잉/추천 글씨에 가리니 자막의 위치에도 주의하여 시청자가 영상에 집중할 수 있도록 한다. 작은 자막은 깔끔하지만 잘 보이지 않으니 자막이 눈에 띌 수 있도록 크기를 조절하는 것이 좋다.

〈그림3〉 잘못된 예시

　　마지막으로 팔로워는 업로드한 콘텐츠의 수에 비례한다. 인기 틱톡 커의 피드를 보면 하루에 1개는 기본이고 2개, 3개씩 올리는 틱톡커도 많다. 인기가 있어서 팔로워가 많은 것이 아니라 꾸준하기 때문에 팔로 워가 많다고 생각한다. 인기 틱톡커들도 초창기 수많은 영상 중에서 몇 개의 영상이 인기를 얻으면서 구독자 수가 상승곡선을 탈 수 있었다. 초 기 팔로워가 천천히 늘어난다 해도 꾸준함은 어느 채널에서든 필요한 부 분이다. 노장금도 요리연구가로서 전문성을 키워가며 동시에 수십만, 수백만 팔로워를 가진 인기 요리 크리에이터가 되기 위해 꾸준히 노력하 고 있다.

5-5

타 채널과 연동하여
브랜딩을 강화하는 방법

노장금 콘텐츠의 시작은 네이버블로그와 카카오스토리였다. 페이스
북과 인스타그램으로 채널을 확장하였고 노장금이 하는 활동을 소개하
는 플랫폼으로 이용하고 있다. 동영상 콘텐츠 제작을 위해 틱톡을 시작
하였고 네이버TV와 유튜브에 요리영상을 업로드하였다. 네이버에서의
활발한 활동은 네이버 앱 라이브방송인 네이버 NOW까지 확장될 수 있
었다.

네이버 블로그 　　　　　네이버 인플루언서 홈 　　　　　페이스북 페이지 　　　　　네이버TV

인스타그램 　　　　　유튜브 　　　　　틱톡 　　　　　네이버 나우

〈그림1〉 노장금 콘텐츠 운영 채널

　　　여러 채널을 운영하면 1인 기업으로서 시간도 많이 들고 관리가 힘이
든다. 때문에 약간의 중요도 차이를 두고 각 플랫폼의 특성에 맞는 장점
을 살려 메인 콘텐츠를 업로드하는 채널과 서브 콘텐츠를 담당하는 채널

로 운영하는 것이 좋다. 노장금은 틱톡으로 영상콘텐츠를 제작하고 인스타그램으로는 요리전문가로서의 활동을 홍보하면서 소통을 하고 있다. 여러 채널을 운영하면 각 플랫폼마다 주 사용자 연령대의 차이가 있으므로 팔로워의 확장에도 도움이 된다.

SNS를 운영하다 보면 본인에게 맞는 플랫폼이 있다. 다양한 채널 중에서 틱톡이 반응이 빠르다면 틱톡에 우선 집중하는 것이 좋다. 그리고 꾸준하게 올리다 보면 나의 플랫폼에서 반응이 좋은 콘텐츠를 파악해 볼 수 있다. 일명 떡상 콘텐츠를 파악해서 해당 영상을 위주로 기획하면 조금 더 빨리 틱톡의 볼륨을 키울 수 있고, 팔로워가 점차 늘어나면 팔로워들을 다른 플랫폼으로 확장시키는 것도 가능하다. 인기 틱톡커가 되어 유튜브나 인스타그램으로 팬을 확장시킨 경우처럼 말이다.

모든 플랫폼에서 많은 구독자를 보유하면 좋겠지만 유명 틱톡커라도 인스타그램이나 유튜브에서는 생각보다 적은 구독자를 보유한 경우도 있다. 이른바 '틱톡감성', '인스타감성'과 같이 코드가 맞는 플랫폼이 있다. 다양한 플랫폼에서 채널을 운영하며 본인의 '감성'과 콘텐츠가 맞는 플랫폼을 확인하는 것도 의미가 있다.

한 가지 주의할 점은, 하나의 콘텐츠로 여러 채널에 업로드를 하는 one-source, multi-use이다. 이는 노장금을 포함한 모든 크리에이터의 바람일 것이다. 시간과 노력은 최소화하면서 콘텐츠를 여러 플랫폼에서 보일 수 있지 않을까 하는 생각인데, 결론적으로 one-source, multi-use는 힘들다고 생각한다.

〈그림2〉 유튜브 콘텐츠를 틱톡에 그대로
업로드한 것

〈그림3〉 세로형으로 만든 콘텐츠

　　노장금도 요리 영상의 길이가 긴 유튜브 콘텐츠를 틱톡에 예고편같이 짧게 만들어 업로드했지만 반응은 좋지 않았다. 콘텐츠 자체의 문제도 있겠지만 화면 비율도 문제였다. 유튜브는 가로형 화면이 좋고 틱톡은 휴대폰 화면을 가득 채울 수 있는 세로비율의 콘텐츠가 좋다. 이런 이유로 한 가지 영상을 여러 플랫폼에서 사용하면 영상의 완성도가 떨어질 수 있다.

틱톡 플랫폼이 자신과 잘 맞고 틱톡을 통해 비즈니스를 운영하고자 한다면 앞에서 말한 바와 같이 메인으로 틱톡 영상 콘텐츠를 제작하고 다른 플랫폼은 메인을 보완하거나 홍보의 채널로 운영하는 전략을 추천한다. 여러 채널을 운영하더라도 각각의 채널에서 구독자와 팔로워들과의 원활한 소통이 필요하다는 점은 유의하기를 바란다.

충성 구독자 만들기 위한
틱톡 라이브방송의 모든 것

라이브방송을 시청자들은 왜 보는 것일까. 소통하기 위해서라고 생각한다. 시청자는 틱톡커가 실시간으로 본인의 이름을 불러주고 답을 해주는 것만으로도 소통한다는 생각과 더불어 나를 알아준다는 생각을 하게 된다. 그렇게 꾸준히 횟수가 쌓이면 함께라는 소속감도 들 수 있다. 어떻게 라이브를 진행해야 할지 부담을 느낀다면 콘텐츠에 대한 걱정은 내려놓고 팔로워들의 말을 듣고 응답하기만 해도 좋다.

편집을 거쳐 업로드가 되는 영상들은 편집을 통해 예뻐 보이거나 멋있어 보이고 신비로울 수 있지만 라이브방송은 실제 틱톡커의 목소리와 평상시 모습을 보여줌으로써 친근감을 느낄 수 있고 자연스러운 모습에 팬이 생길 확률이 높다. 그렇지만 반대로 생각하면 라이브방송은 필터링 없이 본인의 모습을 보여주는 것이기 때문에 자칫 잘못하면 말실수로 인해 그동안 쌓아놓은 이미지를 실추할 수도 있기에 주의해야 한다.

틱톡의 경우, 팔로워가 1,000명 이상이면 라이브방송이 가능하다고 알려져 있으나 틱톡 내부 기준에 따라 라이브방송 권한이 부여된다. 본 도서의 라이브와 관련한 화면은 권한이 부여된 사용자에게만 보이는 화면이다. 아래는 실제 방송을 진행하며 느낀 체크리스트이다. 이를 바탕으로 본인의 체크리스트를 만들어 라이브방송을 하면 좋을 듯하다.

실시간 방송 전 체크리스트

1. 카메라설정 확인

   전면카메라 사용 시 좌우반전여부를 확인한다. 화면이 반전되어 송출되어도 관계는 없으나 만약 상품을 소개한다거나 이름표를 달고 진행을 한다면 반전이 안 된 것이 가독성에 좋다

2. 메인 화면 위치 조정

   댓글 때문에 가려지는 부분 고려하여 메인 화면의 위치를 조정한다. 틱톡의 경우 화면의 1/3이 댓글 창으로 가려지기 때문에 나머지 2/3의 중심에 메인 화면이 나와야 한다.

3. 세로그립이 가능한 삼각대, 스마트폰 겸용 삼각대로 고정

4. 배경음악을 준비한다면 저작권 침해여부 판단

5. 주변 상황을 보고 장비 필요여부 판단

   목소리가 울리거나 잔향이 없는지 확인하여 소리가 잘 들리는지 체크하여야 한다. 촬영 시 휴대폰과 거리가 멀면 목소리가 안 들릴 수 있으니 별도의 마이크가 필요하다. 공간이 너무 어둡다면 조명 설치도 필요하다.

〈그림1〉 라이브모드 화면

〈그림2〉 PC/MAC에서 전송 시 스트림키

〈그림3〉 PC에서 송출 시 사용 프로그램

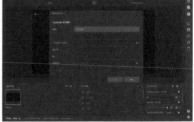

틱톡은 휴대폰에서 바로 방송하거나 PC에서 송출프로그램으로 방송
이 가능하다. 휴대폰에서 바로 방송하면 제목 정도만 설정한 뒤 시작 버

튼을 누르면 된다. PC의 라이브방송 송출프로그램은 다양하게 있으며 노장금의 경우 프리즘이란 프로그램을 이용하여 PC로 네이버 NOW 방송과 유튜브 라이브방송을 하고 있다. 프리즘에서는 발급받은 키를 '나의 채널-채널 추가'하여 입력하면 된다.

실시간 방송 중 체크리스트

1. 처음 시작 인사는 기기마다 5~6초 딜레이가 있을 수 있으니 첫인사는 조금 오래
2. 모니터링하면서 방송(화면에서 위치가 한쪽으로 치우지지 않았는지 등)
3. 댓글에 적극적 반응
4. 사운드가 비지 않게 함(화면에서 벗어나더라도 말은 계속해야 한다)
5. 촬영을 하느라 휴대폰에서 댓글이 안 보이면 다른 휴대폰이나 아이패드, 노트북 등을 활용(미러링이 가능하다면 큰 화면으로 보면 더 좋음)
6. 시계가 시야에 있어야 함
   라이브는 편집이 불가능하므로 시간 배분을 잘해야 한다. 시간 배분과 구성 파악을 위해 대본을 미리 짜놓는 것이 좋다. 방송시간에 제한을 두고 한다면 시계를 시야에 두어 체크하며 방송을 한다.
7. 기기마다 5~6초 정도 딜레이가 있을 수 있으니 끝나도 바로 돌아서거나 개인적인 발언은 하지 말고 더 여유 있게 인사
8. 끝까지 소통
9. 다른 틱톡커와 합방을 할 수 있다. 하단 왼편의 연결버튼을 누르면 초대가 가능하다.

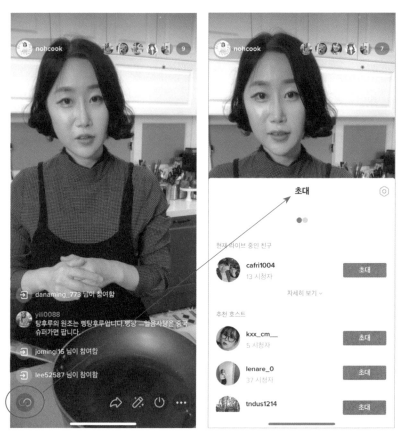

〈그림4〉 라이브방송 화면   〈그림5〉 라이브방송 친구와 합방초대

〈그림6〉 틱톡 라이브 합방   〈그림7〉 인스타그램 라이브 합방

　　그림6과 같이 틱톡의 경우 세로화면 비율 그대로 좌우로 나뉘어 화면
이 구성되지만 그림7과 같이 인스타그램의 경우 위아래로 배치된 화면
구성을 보인다. 자막이 화면을 가리지 않아 틱톡 라이브 화면이 더 깔끔
한 구성을 보인다.

실시간 방송 후 체크리스트

1. 이벤트 등을 하였을 때 빠뜨리지 말고 상품발송까지 확인

2. 방송에 대한 후기 파악

3. 이벤트 상품에 대한 후기와 공유 부탁

4. 구성과 콘셉트, 댓글 반응에 대한 모니터링

5. 대본과 실제 방송의 시간 배분에 대한 점검

〈그림8〉 라이브방송 후 데이터 화면

틱톡은 라이브방송 후 빠르게 데이터를 확인할 수 있다. 그림8은 라이브방송 직후에 볼 수 있는 데이터 화면이며 이후에는 '설정 및 개인정보-LIVE 리플레이'에서 확인할 수 있다. LIVE 리플레이 항목에서 라이브방송을 따로 다운로드하여 파일로 저장이 가능하다. 틱톡에서는 인스타그램의 IGTV와 다르게 라이브방송을 틱톡 콘텐츠로 바로 업로드할 수는 없다.

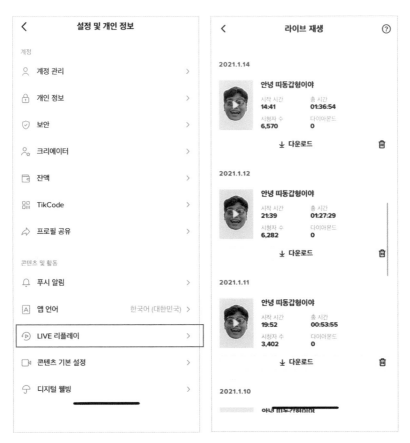

〈그림9〉 LIVE 리플레이 데이터

라이브방송에 대한 세세한 정보는 '설정 및 개인정보-(크리에이터) 분석-LIVE' 항목에서 확인할 수 있으며 평균 시청 시간, 최고 시청자 수, 순 시청자 수 등을 확인할 수 있다.

〈그림10〉 라이브방송 데이터

틱톡 코인으로 라이브방송 시 틱톡커에게 보내는 기프트를 구매할 수 있다. 설정 및 개인정보에서 잔액의 지갑에서 코인충전이 가능하다. 안드로이드와 iOS의 충전코인 가격은 조금 차이가 있다.

〈그림11〉 코인 충전 방법

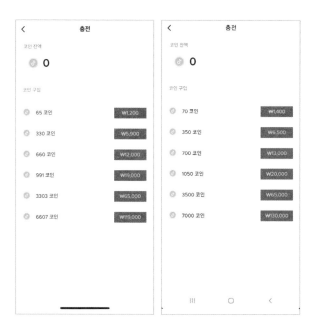

〈그림12〉 iOS(좌)와 안드로이드(우) 충전 화면

충전된 코인은 라이브 시청 시 기프트를 구입하여 틱톡커에서 선물할
수 있다. 아프리카TV의 별풍선과 같이 크리에이터들은 틱톡에서 기프
트를 선물받아 현금으로 환전하여 실제 수익으로 받을 수 있다.

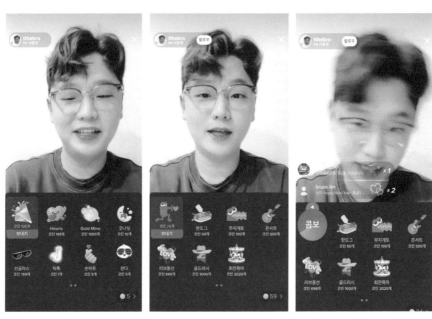

〈그림13〉 라이브 기프트 화면

라이브방송에서 받은 기프트는 LIVE 선물에서 확인할 수 있고 기프
트는 다이아몬드로 바뀐다. 다이아몬드는 구매하는 것이 아니고 선물
을 통해서만 받을 수 있는 틱톡 내의 가상 화폐이다. 다이아몬드는 다
른 코인이나 기프트로 교환할 수 없으며 PAYPAL 계정으로 현금화할
수 있다.

〈그림14〉 기프트 현금화

5-7

정보 콘텐츠
-틱톡교실, 틱톡쌤

틱톡 콘텐츠를 고민하시는 분들이 많을 성싶다. 춤을 추고 노래를 부르고 신기한 편집영상까지, 눈길을 끄는 크리에이터들을 보며 나도 인기 틱톡커가 되고 싶은데 끼가 없다는 것을 아쉬워하는 분들이 있다. 하지만 본인이 잘 알고 있는 분야로 콘텐츠를 만들면 어떨까? 잘 알지 못하더라도 공부해 가면서 지식을 전달하는 것도 좋다. 많이 아는 것보다 정확한 지식을 잘 전달하는 것이 좋은 선생님이라 생각한다.

공중파 방송을 촬영 오셨던 PD님이 노장금에게 해준 말이 있다. 요리연구가 선생님 중에서 요리를 잘하시는 분들은 많지만 알고 있는 요리 지식을 효과적으로 전달하시는 분들은 많지 않다고 했다. 목소리톤, 발음도 좋아야 하고 손은 바쁘게 요리하지만 입으로는 대사를 할 수 있는 능력도 가지고 있는 분을 만나기가 생각보다 쉽지 않다는 말이었다. 이런 면에서 노장금은 경쟁력을 갖고 있기에 작가와 PD분들이 찾게 된다고 했다.

틱톡은 틱톡 교육프로그램을 통해 지식 및 정보 전달 크리에이터를 지원하고 있다. 틱톡커들에게 추천 피드에 노출되는 기회를 제공하여 트래픽을 지원한다. 검색창에 #틱톡교실 # 틱톡쌤을 검색하면 틱톡교실 프로그램에 대한 설명과 다양한 분야의 교육성 콘텐츠를 만든 틱톡커들의 콘텐츠를 모아 볼 수 있다. 노장금과 같은 요리, 영어나 표준어를 알려주는 언어, 알고 보면 신기한 과학, 의사와 한의사 분들이 전하는 의학, 재테크, 제품리뷰, 생활꿀팁, 육아정보 등 각 분야의 정보를 가지고 콘텐츠를 만들어 수백만의 팔로워를 보유한 틱톡커들이 있다.

〈그림1〉 틱톡교실/틱톡쌤 해시태그 검색결과

#틱톡교실 #틱톡쌤(#틱톡쓰앵님도 있는데 요즘은 틱톡쌤을 더 많이 쓴다)
으로 인기를 얻고 지원을 받을 수 있는 영상제작 팁은 콘텐츠에 설명 내
레이션과 화면자막도 함께 넣는다. 내레이션은 보이스오버로 내레이션
을 바로 넣을 수 있다. 화면자막의 경우 간단한 것은 틱톡 앱에서 넣는
다. 조금 더 효과를 넣는다면 휴대폰 동영상 편집 앱을 다운받아 조금만
연습하면 쉽게 넣을 수 있다. 화면이 꽉 차게 세로형 콘텐츠로 만드는 것
과 주 2회 이상 꾸준히 콘텐츠를 업로드하는 것은 기본이다.

　다양한 분야의 틱톡쌤들이 정보 콘텐츠를 만들어서 공유하고 있기 때

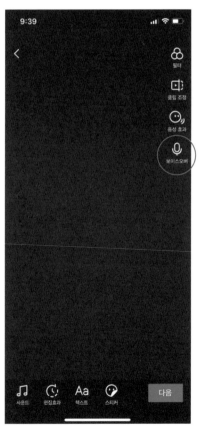

〈그림2〉 내레이션 입력

〈그림3〉 정보 콘텐츠 화면자막 예시

문에, 외국 사람들이 검색을 'googling'이라고 하고 우리나라 사람들도 궁금하면 '네이버에 검색해'라는 말이 자연스럽게 나오는 것처럼, 장기적으로 틱톡에서 정보를 검색하여 숏폼영상으로 원하는 정보를 찾는 시기가 올 것이다. 유튜브에 동영상으로 만들어진 세상의 모든 지식이 검색되어 나오는 것처럼 말이다.

영상이 언어가 되는 시대로 전환되고, 검색의 트렌드가 변화하고 있음을 생각한다면 그 흐름의 선두인 틱톡을 활용하여 정보 크리에이터로 성장하는 것도 좋은 전략이다. '마이크로 러닝(Micro Learning)'은 지식을 빠르게 소화하고 적용하여야 하는 시대에 짧은 단위의 콘텐츠를 활용하여 배우는 것을 말한다. 이미지와 텍스트가 결합된 카드뉴스처럼 단시간에 지식을 얻을 수 있는 형태로 정보는 변화하고 있다. 틱톡은 영상 분야에서 마이크로 러닝에 적합한 정보 전달 플랫폼으로도 발전하고 있다.

틱톡은 정보 콘텐츠에 대한 관심으로 다양한 단체와 기관과 협업을 하여 교육성, 정보성 콘텐츠를 육성하는 '틱톡쌤 공모전'을 진행하였다. 그 예로 '#2020 국민 틱톡커 챌린지'로 인공지능을 포함한 기술테크, 언어, 꿀팁, 스타트업, 상식, 건강 정보, 외국어, 취미생활 등의 분야에서 정보 틱톡커를 모집하기도 하였다. 정보 콘텐츠를 만든다면 챌린지를 통해 채널 성장을 기대해 볼 수도 있다.

〈그림4〉 정보성 챌린지를 통한 크리에이터 모집

콜라보레이션
콘텐츠

콘텐츠를 만들어 가다 보면 새로운 느낌의 콘텐츠에 대한 고민이 생길 것이며 구독자 수도 정체될 때가 있다. 그럴 때에 많은 분들이 추천하는 것이 다른 크리에이터와의 콜라보레이션 촬영이다. 노장금이 띠동갑형을 처음 알게 되었던 계기도 다른 틱톡커와의 콜라보레이션 촬영 때문이었다.

콜라보레이션 촬영은 평소 해보지 못했던 분야의 콘텐츠를 접목할 수있고 비즈니스 확장도 꾀할 수 있다. 특히 유명한 크리에이터와의 협업은 본인의 채널을 알리는데 큰 도움을 주기도 한다. 노장금은 100만 유튜버의 영상에 잠깐 출연하여 요리전문가로서 조언을 하였는데 유튜브 팔로워가 급증하기도 했다. 틱톡에서도 띠동갑형을 포함하여 다양한 분야의 틱톡커와 함께 촬영을 하여 노장금의 이름을 알렸다.

접점이 없는 인기 크리에이터에게 함께 영상을 찍자고 제안하는 것이 쑥스러울 수 있다. 출연에 대한 금전적인 보상을 해야 하는 것이 아닐까 고민일 수 있다. 달리 생각해 보면 모든 크리에이터들의 고민은 콘텐츠이다. 본인이 전문성을 가지고 있다면 제안을 받은 크리에이터는 새로운 영상 콘텐츠를 위해 콜라보를 받아들일 가능성이 있다. 노장금의 경우 요리와 관련된 다양한 콜라보 요청이 들어오고, 노장금도 제안을 하고 있다. 다른 틱톡커에게 콜라보 요청 시 정중한 거절이 돌아올 수도 있지만 밑져야 본전 아닐까. 임헌수소장의 마케팅 수업에서 '들이대'라는 말씀을 하신 적이 있는데 콜라보 영상 제안도 마찬가지다. 서로의 콘텐츠를 위해 들이대자.

〈그림1〉 노장금과 띠동갑형의 콜라보 〈그림2〉 노장금과 임헌수소장의 콜라보

오프라인에서 함께 한 화면에서 콜라보레이션 콘텐츠를 찍을 수도 있지만 직접 만나지 않더라도 5-6에서 설명한 바와 같이 라이브방송에서 초대를 하여 콜라보 방송이 가능하다. 여기에 더하여 틱톡에는 특별히 듀엣 기능이 있다. 듀엣 기능은 본인의 영상이나 다른 틱톡커의 영상과 콜라보할 수 있도록 해주는 기능이다. 엄밀한 의미의 콜라보는 아니지만 연예인 또는 다른 틱톡커의 영상과 본인의 영상을 듀엣 기능을 활용하여 한 영상에 담을 수 있다. 연예인의 춤을 따라 하는 듀엣 콘텐츠 영상이 인기를 얻기도 한다.

〈그림3〉 띠동갑형의 듀엣 활용 영상

〈그림4〉 듀엣 해시태그 검색

이 기능은 본인이 다른 틱톡커의 영상을 활용할 수 있는 것과 마찬가지로 다른 틱톡커가 본인의 영상을 사용할 수 있기 때문에 듀엣을 할 수 있는 사람의 범위를 '개인 정보 및 설정' 메뉴에서 설정할 수 있으며, 게시할 때도 듀엣 기능을 켜거나 끌 수 있다.

5-9

팔로워 아이디어
반영하기

　팔로워 수가 적은 초기일수록 소통이 중요하다. 적극적인 소통은 본인의 진정한 팬을 만들기에도 좋다. 팔로워의 댓글에 적극적으로 반응하는 것도 본인 콘텐츠의 방향을 잡는데 도움이 되기도 한다. 댓글로 아이디어를 얻어 콘텐츠를 제작하였을 때 아이디어를 내어준 틱톡커에게 일반 댓글로 답할 수도 있지만 동영상 댓글로 대답할 수 있다. 노장금은 만능 매콤장을 만드는 방법을 콘텐츠로 소개했는데 만능장으로 만들 수 있는 요리를 댓글로 물어봐 주셔서 활용요리를 만들며 동영상 댓글로 답하였다.

〈그림1〉 댓글에 대한 동영상 댓글

　　동영상 댓글을 다는 방법은 댓글을 길게 누르면 동영상으로 회신하기
가 나오며(짧게 탭하면 기본 답글달기) '동영상으로 회신'을 탭하여 촬영한
영상을 업로드하거나 영상을 촬영하면 된다. 댓글 말풍선은 이동하여
배치 가능하다. 댓글로 주고받는 소통은 구독자가 많지 않을 때 더욱 가
깝게 느낄 수 있는 방법이다.

〈그림2〉 동영상 댓글 다는 방법

콘텐츠를 만들다 보면 어떤 소재로 영상을 만들어야 할지 고민이 될 때가 있는데 이런 때에 팔로워의 질문에서 힌트를 얻을 수도 있다. 설정 및 개인 정보에서 크리에이터 탭에 들어가면 Q&A 기능이 있다.

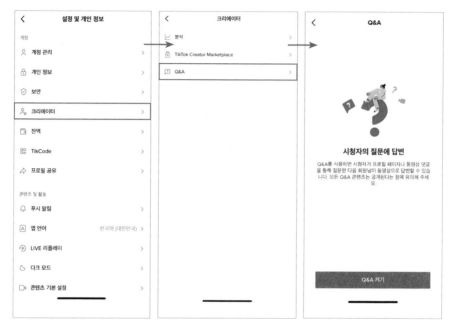

〈그림3〉 Q&A 기능

이 기능을 켜면 프로필 하단에 '저한테 물어보세요'라는 링크가 생기고, 팔로워들의 질문을 받을 수 있다. 1:1 메시지와 다르게 Q&A는 질문이 공개가 되며 바로 동영상 답변을 달 수 있다. 콘텐츠에 대한 소재 얻기와 팔로워들과 소통 두 가지 모두를 쉽게 할 수 있는 틱톡의 기능이다.

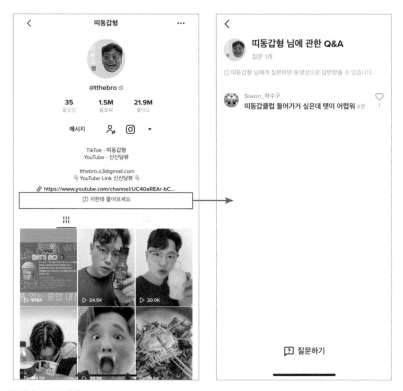

〈그림4〉 Q&A 화면

삼촌
김충근 인터뷰

- 본인의 주 콘텐츠는 무엇인가?

  삼촌(cafri1004)은 가족구성원 중 아빠로서의 일상에 관한 내용이고 애니멀TV(i.samchon)는 반려동물과 지내는 일상 콘텐츠를 다루고 있습니다.

- 틱톡을 언제, 어떻게 시작하게 되었는가? (하게 된 계기 등)

  아들이 재미있는 음악편집 어플이 있는데 팔로우와 하트가 늘지 않는 다며 속상해서 아빠로서 콘텐츠를 만드는 것을 도와주면서 재미를 붙이게 되었습니다. 알고 보니 아들이 알려주었던 어플이 틱톡이었 습니다.

- 본인만의 틱톡 팔로워를 늘리는 꿀팁은?

  틱톡에서 진행하는 여러 챌린지를 적극 수행하는 것이 도움이 되었 습니다. 하트수는 적어도 노출(추천)에 큰 도움이 됩니다. 챌린지에

〈그림1〉 삼촌

〈그림2〉 애니멀TV

참여하면서 영감을 얻어 다른 콘텐츠를 만드는 데에도 도움이 되었습니다.

• **틱톡을 활용한 본인의 마케팅&수익창출 수단은?**

틱톡으로 직접적인 수익은 내지 못하였습니다. 하지만 다양한 챌린지에 참여하여 상품을 받을 수 있었습니다. 저는 유튜브와 블로그, 인스타그램으로 틱톡의 팔로워들이 옮겨와서 다른 플랫폼의 구독자를 늘리는데 틱톡 팔로워의 도움을 받을 수 있었습니다.

- '틱톡'의 장점은 무엇이라고 생각하는가?

15초의 소중함에 대하여 알게 된다는 점입니다. 찰나와 같은 시간이
지만 그 15초의 영상을 만들기 위해 아이디어를 내고 촬영을 하다 보
면 결코 짧은 시간이 아님을 느끼실 수 있을 것입니다.

- 앞으로의 계획은?

틱톡은 제 인생에 있어 삶을 즐겁게 해주는 에너지 드링크와 같은 존
재라고 생각합니다. 짧은 영상을 통해 전 세계의 틱톡커들을 만날 수
있었고 콜라보 영상을 찍으며 소중한 인연을 만들 수 있었습니다. 계
속하여 크리에이티브한 영상을 만들며 틱톡커 분들과 더 많은 인생이
야기를 나눌 수 있도록 하겠습니다.

- 틱톡을 이제 시작하려고 하시는 분들에게 해주고 싶은 말은?

틱톡은 1시간 50분짜리 영화가 아닙니다. 15초입니다! 그냥 즐기세
요!

part

6

틱톡 광고 및 비즈니스 전략

6-1

틱톡 마케팅 솔루션의 이해

틱톡 마케팅 솔루션의 개념도

〈그림1〉 출처:'잇 스타트 위드 틱톡'(IT STARTS WITH TikTok)(2020.12.10.) 재구성

SNS 플랫폼이 어느 정도 유저가 생기면 그다음 수순으로는 항상 비즈니스 마케팅 솔루션이 나오게 마련이다. 틱톡도 2019년부터 다양한 광고 실험을 하면서 솔루션을 고도화시켰다. 이에 이번 장에서는 틱톡의 광고 종류를 알아보고 이를 어떻게 활용할 수 있을지를 알아보도록 하자!

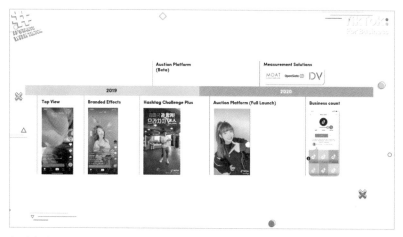

〈그림2〉 틱톡 플랫폼의 2019년 2020년 리뷰 출처:'잇 스타트 위드 틱톡'(IT STARTS WITH TikTok)(2020.12.10.)

2017년에 대한민국에 틱톡을 공식 런칭한 이후 2019/2020년에 비즈니스로서의 광고 플랫폼을 진화시켜 왔음을 알 수 있다! 그럼 자세히 그 내용을 알아보자!

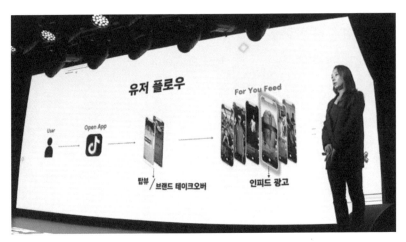

〈그림3〉 틱톡의 유저 플로우

　　우선 틱톡의 유저가 틱톡 앱을 실행하게 되면 전면 광고인 탑뷰와/브
랜드 테이크오버 2가지 관문을 지나게 된다. 그 후 전면 광고를 넘어가
면 피드를 스크롤하면서 중간 중간에 광고가 보이게 되는데 이것을 인
피드 광고라고 한다. 크게는 이렇게 3가지 지면이 있다. 지면이라 표기
하는 것은 보통 DA(Display AD)를 의미한다.

온라인 광고의 종류

DA : Display Ad 포털 사이트, 동영상 플랫폼, 뉴스 콘텐츠 등에서 쉽게 볼 수 있는 이미지 및 동영상 광고를 말한다. 유튜브, 네이버, 구글 등의 앱이나 웹사이트를 이용하는 우리는 하루에도 수없이 많은 광고를 접하게 된다. 보통 띠나 박스 형태로 된 배너 광고를 의미하고 틱톡에서는 영상으로 보이는 게 특징이다.

SA : Search Ad 검색어를 기반으로 한 광고이다. 사용자가 포털사이트 등에 특정 키워드를 검색했을 때 노출되는 광고를 의미하고, 네이버의 파워 링크 광고가 대표적이다.

NA : Native Ad 전통적인 직사각형 형태의 배너광고와는 달리, 콘텐츠를 기반으로 하며 사이트와 융합된 자연스러운 노출을 지향한다. 광고가 콘텐츠 속에 녹아든 형태이므로, 광고에 대한 이용자의 무의식적인 거부감을 줄여준다.

〈그림4〉 탑뷰 광고

〈그림5〉 브랜드 테이크 오버(출처 Mezzomedia)

탑뷰 광고(TopView ads)

탑뷰 광고는 틱톡 앱을 실행하자마자 모든 유저들이 볼 수밖에 없는 풀 스크린 광고로 24시간 동안 하나의 브랜드만 노출이 되는 광고이다. 브랜드에서는 해당 일자를 독점할 수 있는 프리미엄 지면이다. 최대 60초까지 사운드 지원 가능한 광고 포맷으로 첫 3초 동안에는 풀 스크린으로 보이다가 그 후에는 인피드 형태로 넘어가는 게 특징이다. 하단에는 AD 캡션, CTA 장치를 넣을 수 있는 주목도가 높은 광고이다. 주목도가 높은 광고이기 때문에 TVC와 같이 브랜드 영상 등을 활용하면 좋고, 해시태그 챌린지를 시작할 때 사용하면 금상첨화이다.

브랜드 테이크오버(Brand takeover)

브랜드 테이크오버는 하루에 1번뿐이 없는 풀스크린 광고로, 지면 전체가 터치가 가능하기 때문에 24시간 동안 폭발적인 트래픽을 유발하기에 좋은 광고이다. 최대 5초까지 노출이 되고 탑뷰 광고와 다르게 사운드가 지원이 안 되는 것이 특징이다. 틱톡은 모든 게 영상 기반이지만 이 지면만 유일하게 이미지 사용이 가능하다. 하지만 이미지 소재는 3초로 노출기간이 짧기 때문에 가능한 영상을 활용하는 것이 좋다. 탑뷰 대비 길이가 짧고 사운드가 없기 때문에, 임팩트 있는 비주얼과 메시지가 중요하다. 세일 프로모션, 이벤트 시작, 브랜드 런칭 등 브랜드나 제품의 안내에 효과적으로 활용하면 좋다.

<그림6> 인피드 광고

인피드 영상 광고(In-feed video ads)

가장 틱톡스러운 네이티브형 광고이다. 영상은 최대 60초로 음원이 있는 상태로 추천 피드에 노출이 된다. 연령대, 성별, 관심사, 디바이스 등 다양한 마케팅 타켓팅이 가능하다. CPT, CPM, CPC, CPV 등 KPI 에 따라 다양한 방식으로 구매해 믹스하여 활용하면 좋다. CTA 버튼이 하단에 계속 노출이 되기 때문에 앱 다운로드, 쇼핑하기 등 전환을 이끌기에 유리한 지면이다. 틱톡의 일반적인 피드처럼 자연스러운 광고소재를 활용하여 노출시키는 것이 중요하다.

〈그림7〉 해시태그 챌린지

〈그림8〉 틱톡 광고

2 가지 콘텐츠형 틱톡 광고 상품

브랜디드 해시태그 챌린지(Branded hashtag challenge)

그림7의 해시태그 챌린지는 광고는 아니지만, 브랜드가 주도하여 이끌어 가는 틱톡의 대표적인 솔루션이다. 브랜드 메시지, 캠페인 테마에

유저들을 동참시킬 수 있으며 챌린지 페이지를 캠페인 페이지로 활용할 수 있다. UGC는 추천 피드에 노출되거나 오가닉 도달을 확보할 수 있다. 최대 60일까지 사용할 수 있는 챌린지 페이지가 주어지기 때문에 브랜딩 메시지를 노출하고, 유저들의 작품들을 모아서 볼 수 있다. 챌린지를 진행할 때는 최대 6개까지 상단에 노출하여 고정시킬 수 있는데, 이 때 인플루언서들의 영상을 활용하면 유저들이 좀 더 쉽게 챌린지에 참여할 수 있도록 유도할 수 있다.

브랜디드 효과(Branded effects)

유저와 쉽고 즐거운 소통을 이끌어 내는 이펙트로 보통 스티커라고 불리운다. 브랜드 스토리텔링에 효과적이고 형태는 2D, 3D, AR, 게이미피케이션 등 다양하게 제작이 가능하다. 브랜드 및 제품에 대한 간접적 제품 경험을 주고 싶을 때나 해시태그 챌린지와 프랜드의 일관성을 유지시킬 때 함께 사용하면 효과적이다. 인스타그램의 AR필터와 비슷하고, 각각의 새로운 브랜드 효과는 10일 동안 이용 가능하다.

틱톡 마케팅 효율을 극대화하기 위한 크리에이터 플랫폼

틱톡 내 광고주와 크리에이터의 협업이 가능한 공식 플랫폼으로 틱톡이 독점적으로 제공하는 광고데모, 성장트렌드, 최우수 퍼포먼스 동영상 등 다방면의 인사이트를 얻을 수 있다. 틱톡 플랫폼 내의 유명한 스토리텔러 중에서 브랜드와 가장 잘 어울리는 크리에이터를 찾아서 카테고리, 연령, 성별, 팔로워 수 등 원하는 조건에 따라 광고가 가능하다.

〈그림9〉 틱톡 크리에이터 마켓플레이스(TCM) https://creatormarketplace.TikTok.com/

6-2

틱톡 비즈니스 관리자
세팅하기와 중요 사항 체크

틱톡의 광고 플랫폼을 분석해 보았으니, 이제 직접 광고를 집행해 볼 차례이다. 집행할 광고의 형태에 따라서 틱톡의 광고 담당자나 마케팅 대행사를 이용할 수도 있다. 아래는 다양한 광고 유형 중 인피드(in-feed)광고를 집행하기 위해서 틱톡 비즈니스 관리자를 세팅하는 과정이다. 현재 인피드 광고만 셀프로 완벽히 집행할 수 있는 유일한 광고옵션이니 이 점을 주의하자! 기존에 페이스북 광고를 집행해본 분들이라면 구조가 비슷하기 때문에 어렵지 않다.

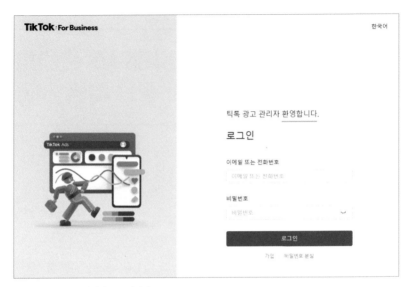

〈그림1〉 틱톡광고 관리자 로그인하기

보통의 계정 로그인은 이메일로 하는 게 좋다.

〈그림2〉 기본 정보

국가, 통화, 표준 시간대를 설정한다. 글로벌로 광고를 집행하는 경우가 아니라면 서울 표준 시간을 선택한다.

〈그림3〉 비즈니스 정보

비즈니스 이름은 보통 사업자등록증의 상호명을 넣으면 된다. 프로
모션 링크를 내가 사용하고 있는 실제적인 URL로 넣어야 한다.

〈그림4〉 기본 연락처

담당자 이름과 전화번호 이메일 주소를 넣는다. 보통 광고 계정 문제와 관련하여 틱톡 본사와 소통이 필요할 경우를 대비하여 실제 담당자의 이름과 전화번호, 이메일 주소를 넣는다.

〈그림5〉 세금 정보 및 지급 유형

틱톡 광고비 지불을 위한 결제 계좌 세팅으로, 디지털 광고 집행만을 위한 카드를 준비해 두면 좋다.

〈그림6〉 비즈니스 추가 정보

    맨 처음 비즈니스 관리자 세팅을 할 때 나오는 화면이므로 내 회사의 정보를 기입한다. 대행사가 아닌 경우가 많으므로 첫 번째 질문은 대행사가 아님으로 체크한다.

    이상 비즈니스 관리자 세팅에 관한 전체적인 절차를 보았는데, 매우 간단한 구조이다. 페이스북 비즈니스 관리자를 세팅해본 사람이라면 금방 알 수 있는 대목이다. 아직 영어로 존재하는 문서들은 시간이 지날수록 한국인 광고주 친화적으로 바뀔 것으로 예상된다.

6-3 실전 틱톡 인피드 광고 세팅하기

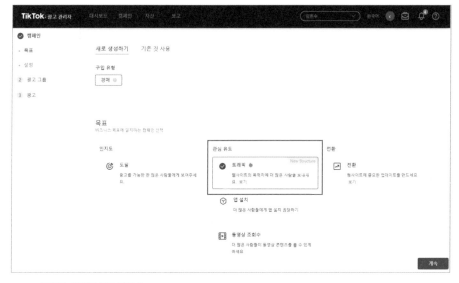

〈그림1〉 캠페인 목표 정하기

기존에 페이스북 비즈니스 관리자나 구글 애즈를 이용하여 광고를 집행해본 분들은 광고의 구조가 비슷하다는 것을 알 수 있다. 옆의 그림을 보면서 중요 사항을 체크하고 직접 광고 집행을 해보자.

기본적으로는 캠페인, 광고그룹, 광고의 3단 구조로 되어 있다. 캠페인 섹션에서는 나의 광고 목표를 정하는 것이므로 인지도(awareness), 관심유도(consideration), 전환(conversion) 중에서 어느 부분에 집중할지를 생각해 본다. 필자는 웹사이트 방문을 늘리기 위한 광고를 집행할 계획이다.

〈그림2〉 캠페인 이름 설정하기

캠페인 이름과 분할 테스트, 예산을 설정하는 부분이다. 첫 광고에서는 분할 테스트(A/B테스트)를 굳이 하지 않아도 된다. 계속을 눌러서 광고 그룹을 만든다. 캠페인 이름은 나만 알아 볼 수 있게끔 해주면 된다.

〈그림3〉 프로모션 유형, 게재 위치, 크리에이티브 유형

    현재 틱톡에서 가장 왕성하게 광고를 하는 곳은 앱을 기반으로 하는 업체이거나 자사 웹사이트로, 트래픽을 유발하여 가입자를 늘려서 구매를 유도하게 된다. 틱톡 픽셀은 자사몰이 있을 경우에 세팅해서 사용하면 좋다. 스마트스토어나 픽셀을 심을 수 없는 서비스를 이용하는 경우는 사용이 불가하니 유의할 필요가 있다.

    게재 위치는 보통은 자동 게재를 하나, 위치 선택도 가능하다. 틱톡,

뉴스피드 앱 시리즈, helo(현재 인도에서만 이용 가능), pangle(프리미엄 국외 퍼블리셔 네트워크)로 구분지어서 할 수도 있으나, 국내의 경우 틱톡을

〈그림4〉 타겟 세팅하기

주로 보기 때문에 틱톡만 세팅하기를 추천한다. 보통은 틱톡의 인공지능 플랫폼을 믿고 자동 게재로 한다.

오디언스 그룹은 내가 확보한 잠재고객이 있을 경우에 쓸 수 있다. 보통은 자사몰의 회원정보(이메일 주소 등)나 타 SNS로 확보된 정보를 사용하나 오디언스가 없을 경우에는 신경 쓰지 않아도 된다.

타겟 부분은 내가 광고하고자 하는 집단에 관한 것으로, 내 상품에 관심을 가질 만한 집단을 세밀하게 정해주는 것이 좋다. 기본적으로는 인구통계학적 타깃으로 지역, 성별, 연령을 기준으로 세팅한다. 관심사는 매우 중요한 지표이기 때문에 나의 업종이나 상품에 맞는 카테고리를 정한다.

〈그림5〉 예산 및 일정, 입찰 및 최적화

광고를 처음 집행하는 경우에는 성과를 예측할 수 없기 때문에, 보통 많은 금액을 쓰기 어렵기 마련이다. 하지만 결과치를 제대로 알고 싶으면 일정 금액 이상을 지불하여 틱톡의 인공지능이 어느 정도 일을 하는지를 체크해 보는 것이 좋다.

〈그림6〉 광고 소재의 세팅

광고그룹까지의 세팅을 마쳤으면 이제 마지막 3단계인 광고 소재를 점검한다. 중요한 것은 임팩트 있는 음악과 영상, 즉 플레이가 될 동영상을 만드는 것이고, 그다음 디테일은 눈길을 끄는 2줄의 카피라이트를 어떻게 만드느냐이다. 랜딩페이지 역할을 할 URL를 제대로 넣고, 프로필 사진까지 세팅했다면 이제 광고를 위한 모든 준비는 끝난 것이다.

〈그림7〉 광고사례1

〈그림8〉 광고사례2

〈그림9〉 광고사례3

틱톡 추천 페이지에서 실제로 인피드 광고가 보인다. 틱톡의 장점은 매일 15초 이내의 영상으로 사람들이 익숙해져 있다는 것이고, 광고도 부담없이 받아들인다. 그렇기에 더더욱 임팩트 있는 음악과 시선을 끄는 영상으로 첫 3초 안에 승부를 볼 수 있도록 준비를 철저히 하고 광고를 집행했으면 한다.

6-4

해시태그 챌린지와
광고 그리고 바이럴

해시태그 챌린지와 밈

    틱톡에서 가장 인기 있는 크리에이터인 '옐언니'는 2020년 말에 그동안 틱톡에서 유행했던 챌린지들을 2편에 걸쳐서 총정리해 주었다. 이것만 봐도 2020년에 유행했던 게 무엇이었는지를 파악할 수 있다.

    챌린지란 말 그대로 도전을 의미한다. 브랜드나 인기 있는 크리에이터가 계획을 가지고 챌린지를 진행하면, 틱톡의 유저들이 이에 반응하면서 서서히 알려진다. 브랜드에서는 탑뷰 광고를 통해서 순식간에 이목을 집중시킬 수 있고, 또 유명 크리에이터는 본인의 영향력을 활용하여 많은 사람이 참여하게 된다. 그래서 해시태그 챌린지를 기획할 때는 현재 틱톡에서 어떤 챌린지가 유행이고 또 어떤 음악이 자주 활용되는지를 유심히 관찰해야 한다. 그래야만 내 브랜드의 챌린지를 기획할 때 큰

〈그림1〉 2020 인기챌린지1   〈그림2〉 2020 인기챌린지2

도움이 되기 때문이다. 최초의 오리지널 콘텐츠를 기반으로 해서 유저
들이 참여함으로써 각양각색의 모습으로 퍼지는 챌린지는 더 나아가 '밈'
으로까지 발전할 수도 있다. 기업의 입장에서는 자발적인 참여로 인한
바이럴이 되는 것이 최상의 선택이 아니던가? 그렇다면 계속 보다 보면
따라 하고 싶어지는 챌린지는 어떻게 만들어야 할 것인가?

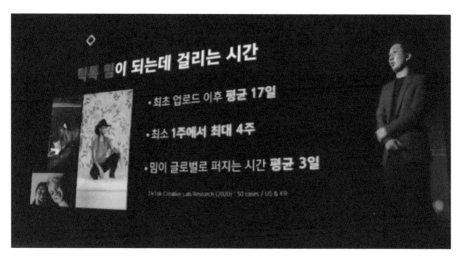

〈그림3〉 틱톡 밈이 되는데 걸리는 시간 출처 : 틱톡 컨퍼런스 2020

풀 스크린으로 보이는 틱톡에서 해시태그 챌린지는 눈에 확 띄게 되어 있다. 궁금한 틱톡 유저들을 클릭해 볼 것이고, 바로 브랜드 챌린지 페이지로 넘어간다. 그림4와 그림5는 우루사의 간 때문이야 챌린지인데, 익숙한 멜로디의 중독성 있는 음악으로 많은 참여를 유발하였다.

〈그림4〉 우루사 챌린지　　　　　　　〈그림5〉 간 때문이야 음원

바이럴이 되는 해시태그 챌린지 설계하기

　챌린지가 성공하기 위해서는 설계가 중요하다. 잘 짜여진 챌린지는
밈이 되어서 바이럴로 퍼질 것이다. 여기에 더 좋은 성과를 얻으려면 챌
린지가 진행되고 있음을 알려주는 광고를 진행해야 한다. 탑뷰나 인피
드 광고를 통해서 더 많은 틱톡 유저들이 관심을 갖도록 해야 한다. 챌린
지에서 가장 중요한 크리에이티브를 만드는 데 있어서 꼭 짚고 넘어가야

할 요소들을 정리해 보자!

브랜디드 해시태그 챌린지의 크리에이티브 요소

해시태그 챌린지명 : 최대한 간략하게 만들고 브랜드/제품을 상기할 수 있도록 해야 한다.

챌린지와 소통 방법 : 브랜드/제품의 성격, 타깃 유저들의 특징, 틱톡의 인기 콘텐츠의 콘셉트 사이에서 효과적인 반응을 이끌어낼 수 있는 알맞은 참여 방식을 찾아야 한다. 주로 캐릭터 따라 하기, 댄스, 변장마법 등이 해시태그 챌린지에서 많이 사용하는 소통 방식이다.

챌린지에 사용할 스티커 고르기 : 2D, 3D, AR, 특수효과 등 인기 스티커 유형 중에 브랜드와 유저가 사용할 스티커를 고른다. 이때 스티커는 다음 4가지 조건을 충족해야 한다.

▶브랜드 요소를 보여주고 ▶챌린지와 밀접한 관련이 있어야 하며 ▶브랜드/제품 핵심 특성을 강조하고 ▶애니메이션 효과가 있어야 한다.

배경 음악/소리 : 배경 음악은 챌린지의 콘셉트와 어울려야 하기 때문에, 톤, 리듬 등의 요소에 특히 신경을 써야 한다. 기억해야 할 것은 15초밖에 없다는 것과 첫 1~2초는 워밍업을 위해 사용해야 한다는 사실이다.

챌린지 규칙 : 규칙이 없는 챌린지는 진행할 수 없다. 참여 방법이나 당첨자 선정 방법을 유저들이 분명히 알 수 있게 한다.

참여 선물 : 경품이 좋을수록 유저들이 많이 참여하고, 캠페인의 성과는 높아진다. 목표로 하는 국가와 마켓 특성에 맞는 현지화된 경품을 준비한다.

출처 : 틱톡 공식 광고 대행사
　　　네이티브 X https://www.nativex.com/kr/blog/TikTok-hashtag-challenge/

6-5

인스타그램과
유튜브로의 채널 확장

〈그림1〉 타 채널 연동과 유튜브

〈그림2〉 프로필 편집

〈그림3〉 연결된 인스타

틱톡스럽게 콘텐츠를 만들어서 잘 운영을 하고 있다면, 이제는 채널을 확장할 차례이다. 그림2에서 보이듯이 틱톡은 3가지 SNS로 연동이 가능하게끔 되어 있다. 보통의 경우 인스타그램과 유튜브를 많이 하는 듯하다. 먼저 여기에서는 인스타그램의 효용성과 함께 활용하는 방법을 알아보겠다.

〈그림4〉 노장금 틱톡

〈그림5〉 노장금 인스타그램

현재 대한민국의 틱톡 유저는 500만 명으로 추산된다. 그에 반해서 인스타그램의 유저는 3배인 1,500만 명가량이다. 필자가 인스타그램 마케팅(2016, 라온북) 책을 쓸 당시의 인스타그램 유저수가 현재(2021.01.01.)의 유저수와 비슷하다. 초창기 인스타그램을 되집어 보면 가능성이 충만한 SNS였는데, 점점 시간이 지나면서 인플루언서들의 공동구매를 통한 판매 채널로 진화되어 왔다. 지금은 #인스타마켓이라 불릴 정도로 많은 사람들이 판매를 하고 있다. 이게 가능한 이유는 #관심사 기반의 SNS였기 때문에, 나와 비슷한 관심사를 가진 사람들을 팔로어로 모았고, 그들과 소통하면서 충성스러운 고객이 되어 갔기 때문이다. 또 기능상으로 업그레이드되다 보니 10장의 사진을 통해서 상세페이지 역할, 또한 IGTV를 통한 1분 이상의 영상을 보여줌으로써 생생하게 전달이 가능했다. 초창기 인스타그램은 글을 짧게 쓰는 게 트렌드였으나, 현재는 블로그를 방불케 할 정도로 글이 길더라도 사람들이 충분히 읽고 있다. 그렇기 때문에 틱톡이 매일매일 나의 팔로워들에게 15초의 광고를 보여주고, 이를 바탕으로 인스타그램을 골인 지점인 마켓으로 활용하는 것이 완벽한 가두리 양식으로서의 장치가 되는 셈이다. 또한 광고 효율을 봐서도 현재 인스타그램 피드 광고가 가장 전환율이 높이 나타나는 것은 검증이 된 바 있다.

틱톡의 장점이자 단점은 숏폼(short-form) 동영상 플랫폼이란 사실이다. 그래서 휘발성이 강하다. 롱폼(long-form) 플랫폼인 유튜브를 통해서 충분히 극복이 가능하기 때문에, 틱톡에서 다 다루지 못했던 비하인드 스토리나 좀더 자세한 설명은 유튜브에서 알려주는 것이 좋다.

〈그림6〉 띠동갑형 틱톡   〈그림7〉 띠동갑형의 신신당뷰

　또한 유튜브 구독자가 상대적으로 늘리기가 어렵기 때문에, 틱톡에
서 먼저 팔로워를 늘리고 이들에게 구독을 요청하는 것은 채널을 확장하
는데 있어서 효율적인 방법이다. 멀티 페르소나 시대에 틱톡의 부캐와
유튜브의 부캐를 다르게 세팅해서 팔로워들에게 신선한 느낌을 줄 수 있
다면 양 채널 모두에서 팔로워들을 충성 고객으로 만들어 나갈 수 있다.

6-6 공동구매를 위한 스룩페이와 스마트스토어

틱톡과 링크온

크리에이터 입장에서의 수익화 전략 중 가장 좋은 것은 공동구매다!

앞장에서 연결을 통해서 인스타와 유튜브로 직접 이어지는 통로를 만들었다. 여기에 덧붙여 프로필란의 링크에 쓸 수 있는 매우 효과적인 서비스가 있다. 원래는 인스타그램의 프로필이 링크가 1개뿐이 없어서 불편함을 해소하고자 나온 서비스인데, 틱톡에도 적용하면 좋다. 그림2처럼 내가 전달하고자 하는 바를 여러 개의 링크를 걸어서 소개할 수 있다. 홈페이지 역할을 하고 있기 때문에, 내 브랜드를 알리거나 공동구매를 위한 결제 링크로 연결시킬 수도 있다.

〈그림1〉 멀티링크 : 링크온   〈그림2〉 링크온이 적용된 사례

<그림3> 링크온의 동영상 링크

<그림4> 스룩페이 랜딩페이지

<그림5> 링크온(https://linkon.id/)

(주)스룩에서 만든 링크온은 요즘처럼 SNS 공동구매가 활발한 세포마켓의 시대에 필수적인 서비스라 생각한다. 직관적인 UI로 여러 가지 SNS나 주요 공지를 보여주기에 최적의 서비스이다. 굳이 홈페이지를 만들지 않아도 간단히 링크를 걸어주는 것만으로도 구매로 이어지게 할 수 있다. 또한 스케줄 관리와 해당 제품의 상세 소개를 유튜브 링크를 걸어서 할 수 있다(그림3 해당 공동구매나 판매하는 서비스의 설명 영상을 유튜브에 올린 후 링크를 걸 수 있다.)는 점은 매우 훌륭한 기능이다!

틱톡과 스룩페이

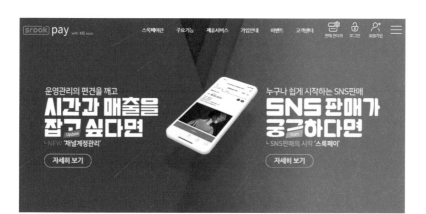

〈그림6〉 스룩페이

스룩페이는 결제 문제를 해결하기 위해서 나온 서비스이다. SNS 공동구매의 어려운 점은 글, 사진, 동영상 등의 콘텐츠로 상품을 설명한 후 판매를 할 때 보통은 댓글이나 DM으로 계좌번호를 주고 결제를 받는 게 초보들이 하는 행위이다. 하지만 판매량이 많아지면 일일이 모든 것들을 다 처리할 수 없기 때문에, 시간을 절약할 수 있는 시스템이 필요

했고, 이것을 해결해 주는 게 간편결제 서비스이다.

상거래 행위에 있어서 제일 중요한 것은 얼마나 빠르게 결제 문제를 해결해 줄 수 있느냐이고, 스룩페이는 현재 네이버페이까지 연동이 되어 있어서 고객들의 빠른 결제를 유도할 수 있다. 요즘처럼 위탁배송(나는 판매만 해주고 배송은 업체에서 해주는 형태)이 발달한 시대에는, 나는 SNS를 잘 운영하여 팔로워를 늘리는 데 집중하고 택배를 싸거나 기타 시간 소모가 많은 것들은 아웃소싱으로 해결하게 된다.

〈그림7〉 공동구매 알림 스토리

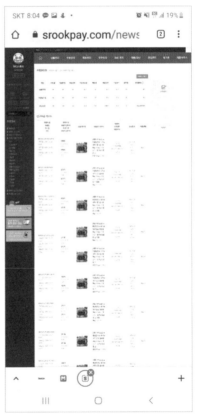

〈그림8〉 스룩페이 관리자 화면
(PC로 보면 명확하다. 위는 모바일 화면 캡처)

스룩페이는 링크의 형태로 존재하며 팔로워가 링크를 클릭했을 시 상세페이지로 넘어간다. 그 후 간편하게 결제를 하게 되는데, 소비자는 팔로잉하는 크리에이터를 믿고 구매를 할 수 있고, 판매자인 나는 간편하게 일을 처리할 수 있어서 상호 이득이다. 대량 생산, 대량 판매가 끝난 요즘 같은 시대는 꼭 필요한 사람들에게만 착한 가격으로 팔고, 다음 스텝을 밟는 공동구매 형식의 마켓이 대세가 되고 있다!

틱톡과 스마트스토어

<그림9> 배고픈동깡이님 틱톡 계정

<그림10> 링크 연결된 스마트스토어

스마트스토어는 현재 대한민국에서 가장 활발하게 사용하는 쇼핑몰이자 오픈마켓이다. 전국의 수많은 사업자들이 스마트스토어를 통해서 물건을 팔고 있다. 틱톡의 한줄 링크에 스마트스토어를 연결하면, 네이버페이를 통해서 손쉽게 판매로 이어질 수 있다. 스마트스토어의 가장 중요한 점은 한 개의 상품으로 트래픽이 집중되어야 하는 것이기 때문에, 보통 특정 상품 1개로 링크 주소를 주는 게 좋다.

6-7

인스타의 마켓화로 보는
틱톡 전자상거래

〈그림1〉 인스타그램 shop   출처 : 임헌수 인스타그램 마케팅

2020년 11월에 단행된 인스타그램 레이아웃의 변경은 유저들로 하여금 엄청난 충격을 가져다주었다. 나의 게시물에 달리던 좋아요와 댓글, 그리고 태그 알림을 확인하던 하트탭이 장바구니 모양으로 바뀐 것이다. 가장 많이 보던 위치를 shop으로 바꾼 것인데, 이를 통해서 인스타그램의 의지를 확인할 수 있었다. 소셜미디어를 넘어서 마켓으로 진화하겠다는 목표가 노골적으로 드러난 것이기 때문이다. 우선 인스타그램에 shop 기능이 탑재된다는 것은 2017년 미국에서부터였고, 2018년 5월에는 국내에도 '쇼핑태그'가 공식으로 런칭이 되었다. 이때부터 이미지에 사람태그만 하던 것이 '제품태그'를 통해서 이미지에 제품의 링크를 걸 수 있게 되었다. 초창기부터 2020년 8월 정도까지는 다양한 링크(예를 들어 스마트스토어, 자사몰, 밴드 링크, 심지어 카카오톡 오픈채팅방 링크)가 연결이 되었는데, 페이스북 숍스(shops)가 국내에 공식 런칭된 이후로는 국내외 최초로 협약을 맺은 카페24의 쇼핑몰만 연결이 되고 있다. 필자가 10년 동안 SNS를 연구하면서 느낀 것이지만 최종 종착지는 모두 '판매'로 연결이 되었다. 그래서 해당 SNS 뒤에 '마켓'이라는 글자만 붙이면 모두 말이 되고 실제로 그렇게 해서 많이 팔고 있다. 블로그마켓, 카스마켓, 밴드마켓, 인스타마켓—모두 마켓이 되어가고 있지 않은가?

인스타그램 Shop 둘러보기

〈그림2〉 인스타그램 shop 둘러보기   출처 : 임헌수 인스타그램 마케팅

　그래서 틱톡도 결과적으로는 마켓으로 가겠구나 하고 예상을 하고 있었는데, 인스타그램이 먼저 바뀌는 모습을 보여줌으로써 틱톡이 어떻게 변할지를 예측하기가 훨씬 쉬워졌다.

〈그림3〉 출처 : 틱톡 마케팅 컨퍼런스 (2020.12.10.) 세션 3 중에서

필자의 표현 방식으로라면 '틱톡마켓'이지만, 틱톡은 2021년을 아예 전자상거래 솔루션으로 진화시키겠다고 발표를 하였다. 업계에 있는 분들이라면 누구나 예상했던 바이지만, 방향성이 뚜렷하다 보니 대처하기는 비교적 용이할 것으로 보인다.

앞서 인스타그램의 하트탭이 장바구니 모양으로 변한 것처럼, 틱톡도 하트탭 옆에 쇼핑탭이 새로 신설될 것이라 한다. 전체적인 모양새는 인스타그램과 비슷하지만 레이아웃의 디테일은 다르게 진화할 것으로 보인다. 인스타그램과의 차이점이라면 이미지 중심으로 보이던 것을 영상을 통해서 미리 보여준 다음에 쇼핑몰로 넘겨서 볼 수 있게 해주는 점이라, 좀더 생동감 있는 상세 설명을 보고 구매로 이어질 것으로 보인다.

그림4는 틱톡 show window라 하며 브랜드의 기업 계정 내에서 유저가 쇼핑할 수 있는 계정 내의 쇼핑 페이지이며, 크리에이터들은 그들의 틱톡 프로필과 영상에서 브랜드의 제품들을 노출시킬 수 있다. 브랜드는 크리에이터들과 협업을 함으로써 더 많은 판매로 이어질 수 있을 거라 예상한다. 2021년 상반기 내에 shopify와의 협력을 필두로 다양한 써드파티 회사들과 작업을 할 거라 하는데, 국내에서도 쇼피파이(https://www.shopify.co.kr/)를 비롯한 카페24 등의 자사몰 구축 솔루션에 대한 마스터가 필요한 시점이다.

〈그림4〉 틱톡의 쇼핑 페이지

〈그림5〉 전환율 향상을 위한 카드 상품

인피드 내에 하나의 타일 혹은 카드 형식으로 구매를 촉진시키기 위해서 나온 상품으로 Promo Tiles와 Showcase Tiles가 있다. Promo Tiles 는 인피드 내에 광고를 커스터마이징할 수 있는 쇼핑카드 세트로 유저들의 구매에 대한 욕망을 증폭시킬 수 있다. Showcase Tiles 제품의 가격과 이미지를 하나의 영상에 담아 최대 3개의 주요 제품을 강조하는데, 유저를 구매 페이지로 이동시켜 구매를 용이하게 만들 수 있다.

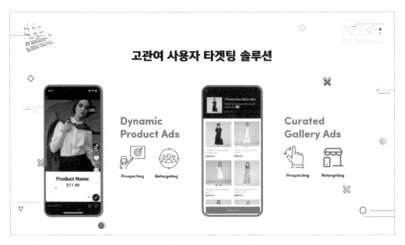

〈그림6〉 고관여 사용자 타겟팅 솔루션 출처 : 틱톡 마케팅 컨퍼런스(2020.12.10.)

소셜미디어의 장점으로 꼽히는 타겟 광고를 활용하면, 관심사를 기반으로 형성된 팔로워들 뿐만 아니라, 비록 계정의 팔로워가 적더라도 적절한 광고 비용으로 내가 원하는 대상에게 홍보를 할 수 있다. Dynamic Product Ads와 Curated Gallery Ads로 명명된 타겟 광고 솔루션 슬라이드를 참고해 보면 쇼핑몰의 상품이 틱톡의 세로 화면에서 어떻게 보일지가 예상이 된다.

<그림7> 抖音(더우인)과 틱톡   <그림8> 라이브방송중인 중국판매자

보통 페이스북이나 유튜브처럼 미국에서 탄생한 SNS를 잘 알기 위해
서는 영어로 된 문서를 보면 많은 자료를 참고할 수 있다. 하지만 틱톡은
원조인 抖音(더우인)을 둘러보면 앞으로 틱톡이 어떻게 변화할지 예상이
가능하다. 그림7은 국내의 폰으로는 앱이 설치가 되지 않아서, 샤오미
(Xiomi) 폰을 구입해서 깔아본 모습이다.

그림8을 보면 라이브를 진행하고 있는 판매자의 모습을 볼 수 있는
데, 첫 번째 장바구니 아이콘은 판매중인 상품 리스트가 화면에 뜨고,

그중 원하는 상품을 클릭하면 판매자가 연결해 놓은 구매 링크로 넘어간다. 선물 상자 아이콘은 판매자나 크리에이터에게 선물을 보내는 개념으로, 아프리카TV의 '별풍선'이나 유튜브의 '슈퍼챗'에 해당된다. 현재 네이버의 쇼핑라이브나 '그립(Grip)'같은 개념의 라이브커머스 기능이 생길 것은 불을 보듯 뻔하다. 아직 인스타그램에 해당 기능이 적용이 되지 않았는데, SNS에서의 경쟁이 더욱 치열해질 것으로 전망된다.

〈그림9〉 抖音(더우인)의 프로필

〈그림10〉 연결된 상점

앞의 그림4에서 보았던 shoping window가 이미 抖音(더우인)에서는 활발히 사용중이다.

〈그림11〉 중국 소비자들이 抖音(더우인)을 이용하는 장면(사진출처 : 매일경제 2020.09.11)

중국내에서만 6억 명이 넘는 사용자가 사용한다는 것을 감안하더라도, 하나의 SNS를 통해서 엄청나게 많은 일자리가 창출된다는 것이 새삼 놀라울 뿐이다. 2020년 코로나로 인해서 비대면 활동이 늘어나기 때문에, 라이브 스트리밍을 통한 상거래 행위가 폭발적으로 성장하고 있음을 알려준다. 국내도 이러한 모습을 벤치마킹한다면 단순히 재미있는 SNS를 넘어서 비즈니스적으로 활용도가 훨씬 높아질 것으로 예상된다.

지금까지 틱톡 컨퍼런스 2020에서 소개된 내용과 중국 抖音(더우인)을 바탕으로 예상해본 틱톡의 이커머스에 대한 전망을 알아보았다. 사람들과의 소통을 목표로 출시되었던 모든 SNS는 마지막으로 온라인 판매로 연결이 되었는데, 이것은 시대적인 흐름이자 모든 기술 발달(AI, 빅데이터 등)이 e커머스로 집약되고 있기 때문이다. 특히나 그동안 대량생산, 대량판매에 익숙해진 오픈마켓의 판매방식보다는 개개인의 인플루언서를 팔로잉하면서 그들이 추천해 주는 것에 반응하는 시대가 되었다. 그래서 세포마켓, 인플루언서 공동구매 등이 더더욱 각광을 받게 되는 듯하다. 틱톡은 CF나 광고 영상을 별도로 만들어야 했던 기존의 SNS

에 비해서 그 자체가 15초짜리 광고를 매일 내보내는 느낌으로 운영이
되었기 때문에 소비자들의 거부감은 훨씬 덜할 것으로 예상된다. 앞으
로 개인부터 소상공인, 대기업의 브랜드 기업들도 틱톡의 e커머스 가능
성을 염두에 두고 준비를 해야 하는 이유가 바로 이것이다. 당장 할 수
있는 것으로는 틱톡의 팔로워를 늘리고, 쇼피파이나 카페24 등을 통해
서 쇼핑몰을 완벽하게 구축해 놓는 게 순서이니, 이것부터 먼저 집중했
으면 한다. '틱톡의 시대' 누가 먼저 선점하느냐가 승패의 방향을 가른
다. Let's get started with TikTok!

틱톡에 관심 있으신
모든 분들께……

저는 2019년 2월 틱톡을 시작했습니다.

그 당시 틱톡은 지금보다 더욱 초기여서 관련 정보들을 찾기가 힘들었습니다.

저는 맨땅에 헤딩하듯이, 아무 정보도 인맥도 없이 틱톡을 시작했고 처음엔 이렇게까지 커질 줄 상상도 못하고 재미로만 시작을 했었습니다. 단, 2019년 한해 '꾸준히 하자'는 마인드는 장착을 했었습니다. 워낙에 끼가 많은 저였기에, 60초 내에 촬영&편집 부담 없이 저의 끼를 보여줄 수 있는 틱톡은 저와 찰떡궁합이었습니다.

꾸준히 하다 보니, 팔로워들이 조금씩 늘어났고 제 팬들이 생기기 시작하면서 저도 제대로 키워보자는 생각을 하게 되었습니다. 팬들의 피드백을 받아 더 좋은 띠동갑형으로 발전하고, 초심을 잃지 않기 위해 항상 노력합니다. 또한 팬들과 댓글, 단톡방으로 꾸준히 소통하고 코로나

전에는 소규모 4~5명씩 팬들과 만나서 귀여운 팬미팅도 주기적으로 했었습니다. 팔로워가 많아졌다고 해서 거만해지거나 팬들과 소통을 안 하는 등 변하는 모습은 절대 금물입니다. 팬들이 없었다면 결코 지금까지 올 수 없었을 것입니다.

요즘은 인터넷에 틱톡만 검색해도 수많은 관련 정보들이 쏟아져 나옵니다. 제가 하고 있는 틱톡 강의도 들으실 수 있고, 이렇게 틱톡 책도 있습니다. 틱톡에 관한 내용은 이 책 한권이면 충분하고 플러스로 제 틱톡 강의까지 들으신다면 틱톡에 대해 완벽하게 아실 수 있을 겁니다.

단, 이 책을 읽고 강의를 듣고 인터넷으로 정보를 찾아봤더라도 내가 행동으로 옮기지 않으면 아무 소용없고 더 나아가 꾸준하지 못하면 흐지부지하다 결국 그만두게 될 겁니다. 그래놓고 사람들에겐 '아 틱톡 팔로워도 잘 안 늘고 재미도 없드라'라는 식으로 말하고 다니는 분들도 있으실 겁니다. 제대로 갖춰지지 않은 상태에서 한두 달 동안 영상 몇 개 올려놓고 큰 관심을 바라는 건 욕심입니다. 그렇게 성공할 수 있다면 누구나 다 성공했을 겁니다. 책에 나온 내용들을 바탕으로 꾸준히만 한다면 반드시 빠른 시간 안에 기회는 찾아올 것입니다.

2020년 1월 1일 세웠던 한 해 목표 중 하나는 '틱톡으로 1만원 이상 돈 벌어보기'였습니다. 그 당시는 팔로워가 10만도 되지 않았었기 때문에 틱톡을 통한 수입이 아예 없었었죠. 당찬 목표를 세우고 꾸준히 하던 중, 2020년 5월 매운 음식을 먹고 맵지 않은 척 정색을 하는 챌린지에 참여하게 되면서 세 달 만에 백만 명의 팔로워를 얻게 되었습니다. 팔로워가 많아지니, 6월에 첫 광고와 협찬이 들어왔고 6개월 만에 그 목표를 달성했습니다. 그 후 대한민국에 틱톡 강의가 없다는 걸 알고 틱톡 강의 자료와 커리큘럼 등을 직접 다 만들어 현재 강의를 하고 있고 틱톡 책도 출간하게 되었습니다.

실제로 이론 강의를 듣고 난 후에 직접 틱톡을 만져보며 익혀야 하는데 실습에 약한 분들은 1:1 맞춤 컨설팅을 요청하는 경우도 많고 그밖에 브랜드 계정 대행, 광고&협찬 등 틱톡을 통해 많은 분들에게 도움을 드리고 있습니다.

또한 틱톡을 하면서 실제로 좋은 인연도 많이 생겼습니다.

강의를 통해 인연이 된 분들, 크리에이터 분들, 팬들, 비즈니스를 하면서 알게 된 분들 등등·········· 아마 틱톡이 아니었다면 그분들과 스쳐 지나갈 일도 없었을 겁니다. 이 모든 것들은 꾸준하지 않았다면 결코 이룰 수 없었을 것입니다.

끝으로, 강한 추진력으로 틱톡 책을 내는데 큰 역할을 해주신 노장금 님과 책 내용들을 밤낮없이 감수해 주신 이인이님, 마지막으로 제가 처음 쓰는 책이라 많이 부족했을 텐데 잘 이끌어주신 임헌수 소장님 세 분께 진심으로 감사드립니다.

그리고 우리 가족 사랑합니다.

–박준서(띠동갑형)

퍼스널 브랜딩을
확고히 하고 싶은 분들께

어떤 일이든 10년을 하면 전문가라고 생각합니다. 10만 시간의 법칙을 말하지 않아도 시간으로 다져진 노하우와 에피소드들은 콘텐츠로 만들기 충분합니다. 마음만 먹는다면 본인이 알고 있는 분야, 잘하는 것으로 콘텐츠를 만들고 자신을 브랜딩하는 것은 어렵지 않습니다. 게다가 휴대폰으로 대표되는 스마트 기기와 다양한 앱을 통해 쉽게 콘텐츠를 제작할 수 있습니다. 본인의 브랜드를 만드는 방법은 고민을 내려놓고 '시작'하는 것이라 생각합니다.

노장금은 많은 수의 팔로워는 가지지 않았으나 확실한 1인 브랜드를 구축해 나가고 있다고 생각합니다. 다양한 채널을 운영하면서 그 채널들을 통해 비즈니스가 이루어지고 있습니다. 틱톡, 인스타그램, 유튜브, 네이버블로그 등을 통해 꾸준한 연락이 옵니다. 일을 의뢰하는 분들은 노장금의 팔로워가 많아서가 아니라 노장금을 요리분야 전문가로 인지하여 일을 의뢰하는 것입니다.

노장금의 마지막 팁으로, 전문가로 인정받는 다양한 방법이 있지만 책을 출간하는 것이 큰 힘이 된다고 생각합니다. 책은 본인의 지식을 정리하여 알리는 기본적이지만 강력한 방법입니다. 베스트셀러가 되어 경제적인 보상도 따라오면 좋겠지만, 책은 브랜딩 수단으로 삼고 책을 기반으로 다양한 비즈니스가 연결되는 것을 경험하시길 바랍니다. 본 저서가 노장금의 노하우와 정보를 전달하는 창구인 동시에 노장금의 브랜딩 도구라는 것을 말씀드립니다.

'삶에서 가장 참된 것은 만남'이라는 철학자의 말처럼 인연은 소중합니다. 노장금은 요리연구가로서 1인 브랜드에 대하여 고민하던 중 임헌수 소장님의 수업을 듣게 되었고 브랜딩에 대한 혜안을 얻게 되었습니다. 노장금을 브랜딩하며 영상 콘텐츠에 특화된 틱톡에 관심을 가지게 되었습니다. 틱톡을 통해 다양한 틱톡커를 알게 되었고 띠동갑형과 틱톡 책에 대한 생각을 공유하게 되어 이 책을 기획할 수 있었습니다. 인연의 끈이 이어져 담아낸 150만 틱톡커의 노하우와 노장금 브랜딩 사례, 그리고 베스트셀러 마케터의 틱톡 비즈니스까지 생생한 정보를 본 저서에서 만나보셨을 것이라 생각합니다.

여러 이슈를 차치하고서라도 틱톡은 쉽고 재미있게 영상을 만들 수 있다는데 확실한 장점을 가진 플랫폼입니다. 동영상 콘텐츠 제작에 처음으로 도전한다면 틱톡은 타 플랫폼 대비 강점이 있으며 비즈니스로 발전 가능성이 높은 플랫폼이라고 생각합니다. 15초, 길어도 3분 안에 완결되는 콘텐츠는 지금까지 광고에서 많이 접하였던 콘텐츠 길이입니다. 틱톡에 올라온 콘텐츠는 그대로 광고영상으로 사용하여도 무방하다는 의미입니다. 앞으로 중국 틱톡인 抖音(더우인)처럼 비즈니스를 할 수 있는 많은 기능이 탑재될 것이라 기대됩니다.

책이 완성되기까지 아이디어를 내고 조언을 아끼지 않았던 띠동갑형 박준서님과 임헌수 소장님, 물심양면으로 지원해 주신 이인이님, 책이 세상에 나오는 데 큰 힘을 보태주신 유창언 대표님과 양원근 대표님, 항상 제 길을 응원해 주는 가족들과 지인분들께 감사를 드립니다.

틱톡을 활용하여 영상을 제작해 본인의 브랜딩을 더욱 확고히 해 나가시길 바랍니다. 다른 고민은 뒤로하고 우선 '시작'을 권합니다.

—노고은(노장금)

150만 틱톡커 띠동갑형에게 배우는 틱톡 실전 마케팅

1. 기대 성과

- 틱톡을 처음 시작하시는 분들이 성공적으로 안착하도록 강의

2. 교육 내용

- 틱톡을 왜 해야 하는가?
- 틱톡하는데 필요한 장비와 편집 프로그램
- 틱톡 콘셉트 잡기
- 틱톡 팔로워 늘리기
- 틱톡으로 수익화하기

3. 교육 대상
- 틱톡을 처음 하시는 분들
- 다른 SNS를 하고 있지만 틱톡을 어떻게 하셔야 할지 감이 안 잡
  히시는 분
- 각 기업의 틱톡 계정 담당자

4. 교육 기간 및 인원
- 1:1 컨설팅
- 소규모 그룹 컨설팅
- 줌(ZOOM)을 이용한 온라인 컨설팅 등

■ 문의 : tmxhs5269@gmail.com

SNS 전문가 3명이 알려주는
틱톡 마케팅 종합 패키지

강의 일정이 안 맞거나, 지역에서 상경하기 어려웠던 많은 분들의 요청으로 온라인 동영상 강의를 제작하였습니다. 언제 어디서든 원하는 시간에, 시간과 장소에 구애받지 않고 배울 수 있습니다. 각 분야 전문가의 실전 강의를 배우고, 비즈니스에 그대로 적용하십시요!

강사	시간	주요 내용
임헌수	2h	2021 SNS 트렌드와 틱톡의 위상 · 왜 틱톡 마케팅을 해야 하는가? · 틱톡 마케팅에서 꼭 알아야 할 내용들 · 틱톡 비즈니스 솔루션과 2021년 전망
띠동갑형 (박준서)	3h	150만 틱톡커의 모든 노하우를 공개한다 · 틱톡을 하기 전에 알아야 할 것들 · 틱톡을 위한 장비 세팅과 영상 편집 · 틱톡 브랜딩을 위한 제반 요소들 · 틱톡 팔로워 늘리기 5가지 방법 · 틱톡으로 수익화하는 방법
노장금 (노고은)	2h	퍼스널 브랜딩을 위한 틱톡 마케팅의 모든 것 · 수많은 SNS 중 틱톡의 장단점 · 틱톡교실을 이용하여 브랜딩을 하는 방법 · 노장금의 틱톡 활용 노하우 대방출

틱톡 계정 개설부터 마케팅까지 한 번에! 어려웠던 부분들을 반복 학습함으로써 틱톡 계정을 키우는 데에 큰 도움이 되셨으면 합니다. 틱톡

마케팅 패키지 강의는 지속적으로 업데이트됩니다. 수강이 끝난 후 단톡방에 초대되어 지속적인 협업과 피드백이 가능합니다. 각 분야 최고의 전문가들의 노하우를 총정리한 이번 강의는 독자 분들의 1분1초를 아끼고, 실제적인 성과를 내주는 바로미터가 되어줄 것입니다.

- **틱톡 마케팅 패키지에 들어 있는 풍성한 내용들**
  - 틱톡 마케팅 단톡방에 초대
  - 지속적인 정보 업데이트 및 협업 스터디
  - 3명의 전문가들과 소통하면서 실력 다지기

- **교육 웹사이트 :** http://superseller.kr/

SNS 전문 커뮤니티 안내

〈그림1〉 네이버 카페

〈그림2〉 유튜브 채널

SNS 전문가 임헌수 소장이 운영하는 네이버 카페로 e커머스에 대한 정보들을 큐레이션하고 있습니다. 현재 블로그,인스타그램, 유튜브 등이 모두 마켓화가 되어가고 있기 때문에 틱톡도 비슷한 방향으로 전개되리라고 봅니다. 틱톡에 관한 정보를 얻고, 협업을 하실 분들의 참여를 기다리고 있습니다.

https://cafe.naver.com/shopmanagement/

글로 표현하기 힘든 것들을 영상을 통해서 쉽게 알려주는 유튜브입니다. 또한 각 분야 전문가들을 초청하여 실제적인 마케팅 노하우를 배울 수 있는 코너를 운영하고 있습니다. 구독과 좋아요를 해 놓으시면 최신 트렌드를 놓치지 않고 받아보실 수 있습니다.

https://www.youtube.com/user/NewStar1TV